彩流社ブックレット

JN246754

探査ジャーナリズムとNGOとの協働

渡辺周・花田達朗・金敬黙・野中章弘
加地紗弥香・ワセダクロニクル［編著］

Waseda Chronicle

◇探査ジャーナリズム（Investigative Journalism）とは……

政治的・経済的・社会的権力が公開されることを望まずに意図的に隠している事実（fact）、またはそれら権力が偶発的に隠している事実を気づき、調査し、発掘し、ストーリー（story）として構成したニュース（news/article）を最終的に公衆（public）に向けて暴露する（reveal）、事実探査型のジャーナリズム活動を指す。ここでいう権力とは、人格化された権力だけではなく、構造や制度、システムによる権力作用も含む。また、事実とは、権力の腐敗や不正、不正義、不作為にかかわる事実を指す。

こうした探査ジャーナリズム活動を通じて、権力の作動によって生まれた犠牲者や被害者を救済したり、生まれるであろう犠牲や被害の出現を防いだりする。犠牲や被害の出現の原因となる権力の腐敗や不正、不正義、不作為を終わらせることを目的とする。つまり、探査ジャーナリズムとは、取材から記事のリリースに至るまでの一連のジャーナリズム活動を通じて、市民社会（civil society）の利益に立って、世界の改善・改良に貢献していく営為そのものを意味する。その行為主体は、ジャーナリズム（journal-ism）という「イズム（ism）」の担い手である「イスト（ist）」、つまりジャーナリスト（journal-ist）である。したがって、探査ジャーナリズムは、ジャーナリストの問題意識、問いと仮説、権力に対する対抗的な関係性の認識（antagonism）が端緒となって発露される、ジャーナリストの主体性に支えられた営為と言える。

◉はじめに――「観察者」を超えて

渡辺周（ワセダクロニクル編集長）

ワセダクロニクルが創刊してから半年が経った。事実探査型のジャーナリズム（Investigative Journalism）の第1弾「買われた記事」では、電通、製薬会社、共同通信が関与して、金銭が絡んだ薬の記事を宣伝目的で地方紙の読者に届けていたことを暴いた。

この間、発見が二つあった。

一つは、新聞やテレビといった旧来の既成メディアが予想以上に頼りにならないということだ。「買われた記事」を配信した共同通信は自ら膿を出すどころかワセダクロニクルに抗議してきた。私たちはそれに対して抗議文の撤回と謝罪を要求している。「買われた記事」を掲載した地方紙は「共同通信はワセダクロニクルと違う見解だ」という立場に終始して、読者に説明していない。他のマスメディア企業は傍観するだけで、ワセダクロニクルの報道に追随しない。

もう一つの発見は、市民の側に社会問題を解決する意欲と問題を解決するための知識を持っている人がたくさんいるということだ。

ジャーナリズムは既成メディアの専売特許ではなくなってきている。特にNGOとNPOが持っている情報の質と量、ネットワークには舌を巻く。ワセダクロニクルは今、世界中に支部を持つNGOと協力して取材を進めているが、長年にわたり蓄積してきたデータと人脈に随分と助けられている。

ＮＧＯ・ＮＰＯと探査ジャーナリズムを担うニュース組織には共通点がある。事態が改善されるまで活動を続けるしつこさが必要だし、そのためには「観察者」を超えて社会悪に苦しむ犠牲者の側に立つ。犠牲者の側に立つというのは、単に「寄り添う」こととは違う。犠牲者に共感し心の中で寄り添うのは当たり前だ。ＮＧＯ・ＮＰＯと探査ジャーナリズム組織は、身体は犠牲者の側を離れて、犠牲を強いている敵方との闘いに向かわなければならない。

今回、地雷廃絶日本キャンペーンと日本国際ボランティアセンターという実績あるＮＧＯとシンポジウムを開けたことは、とても幸運であり、時代の流れを反映した必然であったと思う。情報を送るニュース組織と受け取る読者・視聴者というこれまでの枠組みを変え、ＮＧＯ・ＮＰＯ、探査ジャーナリズム組織、市民が三位一体となって社会を改善する時代が始まったのだ。その熱気が今回のシンポにはあった。多くの高校生が自発的に参加してくれたことにも、大きな可能性を感じた。

本書は、２０１７年7月29日に早稲田大学で開催されたシンポジウム「ジャーナリズムとＮＧＯ・ＮＰＯとの連携を求めて――主流メディアを超えたチカラの台頭」でのやりとりを収録した。本書のために加筆・修正をしている。開催記録は次の通り。

主催…ワセダクロニクル、早稲田大学ジャーナリズム研究所
日時…２０１７年7月29日（土）15：00（14：30開場）
会場…早稲田大学 早稲田キャンパス 14号館Ｂ１０１教室
総合司会…荒金教介（ワセダクロニクル シニアリサーチャー・広報担当）

Ⅰ．シンポジウムの開催にあたって

そこにある可能性──NGO・NPOの台頭とジャーナリムズの弱体化

花田　達朗

今、私たちが目前にしているジャーナリズムの危機とはどのようなものでしょうか。そして逆に、その危機の中から生まれる新しい可能性とは何でしょうか。そのことを今日はこのシンポジウムで考えていきたいと思います。その危機と可能性の構図とはどのようなものかがテーマです。

❖ジャーナリズムとは思想であり精神の活動

そのテーマに入る前に、ジャーナリズムをどう理解するかについて触れておきましょう。

ジャーナリズムとは、ひとつの「イズム」です。「イズム」とは社会意識であり、思想であり、精神の活動のことです。ジャーナリズムという「イズム」は、市民社会の側に立って、市民の代理人として、立憲法治国家の原理で作り出されている（はずの）国家に向き合い、それが市民社会と統治機構との間の契約書としての憲法に則ってきちんとやるべき仕事をやっているかどうか、そしてやるべきでないことをやっていないかどうかを、つまり隠れて悪いことや不正をしていないかどうか、契約に反して勝手な暴走を始めていないかどうかを監視すること、さらに政治的権力のみならず、現代社会の経済的権力や社会的権力に対しても同様の懐疑的視点から監視すること、そしてその観察・監視・探査の結果をレポートとして公衆へ、市民社会の人々へ提出していくこと、そういうことに価値をおく思想であり、そういう思想の実践活動です。

そこで、英米圏ではそういうジャーナリズムの役割を「番犬」（watchdog）と呼んできました。観察・監視の対象である権力が怪しげなことをやっていることを発見すれば、「ワンワン」と吠えて、市民社会の人々に警鐘を鳴らすという意味です。

その意味で、ジャーナリズムとは自己の利益のために行う「ビジネス」ではなく、他者の利益のために、すなわち公衆のため、市民社会の人々のために行う「パブリックサービス」と位置付けられてきました。つまりこの「パブリックサービス」とは「公衆への奉仕」という意味です。

その点が日本において、一般の人々の間でも、マスメディアなど関係する組織の中でも、政府や議会など国家機関の中でも、どれだけ理解され、共有されているのかは大変危ういものですから、この点の確認は強調してもしすぎることはありません。

❖ジャーナリズムの危機と可能性

では、危機と可能性の構図とはどのようなものでしょうか。その現象を見てみましょう。

欧米でいう主流メディア（メインストリーム・メディア）、日本でいう「マスコミ」、つまり一般的に言えば既成マスメディアはエスタブリシュメント化し、つまり既存の権力体制の一部に組み込まれてしまって、ジャーナリズムの機能を果たせなくなってきています。そこにはメディア側の政治的あるいは経済的な動機が働いています。

最近、日本では大発行部数の新聞が公然と「御用新聞」として立ち現れてきました。つまり政府の広報媒体であることを隠さなくなってきました。ほかの既成マスメディアもたまに「遠吠え」をすることはあっても、正面から公権力をチェックし、闘う姿勢を見せることはなくなりました。言論機関なのか、発表ものの広報媒体なのか、広告媒体なのか、わからなくなってきました。経済的・経営的な理由から、欧米の主流メディアでも権力監視機能の実践である探査ジャーナリズム（Investigative Journalism）から、ごく一部の例外を除いて、撤退していきました。

そうした状況で、「イズム」としてジャーナリズムはどうしたらいいでしょうか。

ジャーナリズムは20世紀の間、その世紀中に形成され発展し巨大化したマスメディアを「イズム」の活動舞台ないしは宿り場としてきました。しかし、あるタイプのジャーナリストたちはいまその宿り場を既成マスメディアからほかに移そうという運動を開始しました。「イズム」にとってはすでに足枷となってしまった既成マスメディアとの関係を解消して、新しい活動の場を求めて運動を開始したのです。それがグローバルな探査ジャーナリズムのムーブメントです。非営利モデル（NPO）で権力監視の探査ジャーナリズムをネット上で展開していくというものです。今日、このシンポジウムを主催しているジャーナリズム研究所の運営するワセダクロニクルは、大学を拠点にしてそうした運動を立ち上げた日本で最初のニュース組織です。そのようなジャーナリズムの自己革新の運動に可能性を求めることができますが、さらにＮＧＯ・ＮＰＯにも可能性を見ることができます。

❖台頭するＮＧＯ・ＮＰＯの権力監視能力

ＮＧＯ・ＮＰＯは非政府、非営利という組織モデルで、環境や人権や医療、福祉、教育、文化などの分野でさまざまな活動を展開し、今日その活動と存在は市民社会の側に立って、そこから個別の国民国家、多国籍企業や大企業、国連などの国際機関に影響を与えるものとなってきています。それらは社会的に解決すべき問題の提起（つまりアジェンダ・セッティング）、問題の調査やデータ作成、当事者への働きかけと協働、そしてその成果の発信、政策実現という能力においてチカラを発揮してきています。

こうしたＮＧＯ・ＮＰＯの活動は権力監視という点ではジャーナリズムと類似したものがあります。ジャーナリズムを権力監視と定義するなら、ＮＧＯ・ＮＰＯもジャーナリズムを実践しているに等しいわけです。このように見てくると、ジャーナリズムがＮＧＯ・ＮＰＯモデルに接近し、ＮＧＯ・ＮＰＯがジャーナリズム機能に接近していると見ることができるのではないでしょうか。もちろんすべてのジャーナリズムがそうだ、すべてのＮＧＯ・ＮＰＯがそうだと言っているわけではありません。いま世界で進んでいる、ある新しく深い潮流の波頭を捉えれば、そう言えると考えられます。

そこにどのような可能性があるのか、どのような可能性を拓いていくことができるのか、具体的な実践と行動を起こす時だと思います。もはやメディア批判やジャーナリズム批判のトークをして時間を使っているような場合ではありません。抽象的な可能性を具体的なジャーナリズム作品ないし成果物を通じて個々に実証していくというやり方を進めるべき時ではないでしょうか。ジャーナリストのプラクシス（実践）が問われているのです。そうしないと、市民社会がいま対峙すべき危険な状況の進み方のスピードにもはや間に合わないでしょう。「時すでに遅し」となってしまっては、元も子もありません。

ジャーナリズムとＮＧＯ・ＮＰＯの接近にどのような可能性があるのか、この点が検討され、深められていくことを期待して、私の開会のご挨拶としたいと思います。

Ⅱ.基調講演
ジャーナリズム・アクティヴィズム・アカデミズムの接続
――その連結点はどこにあるのか

金　敬黙

❖三者が志向する公共空間

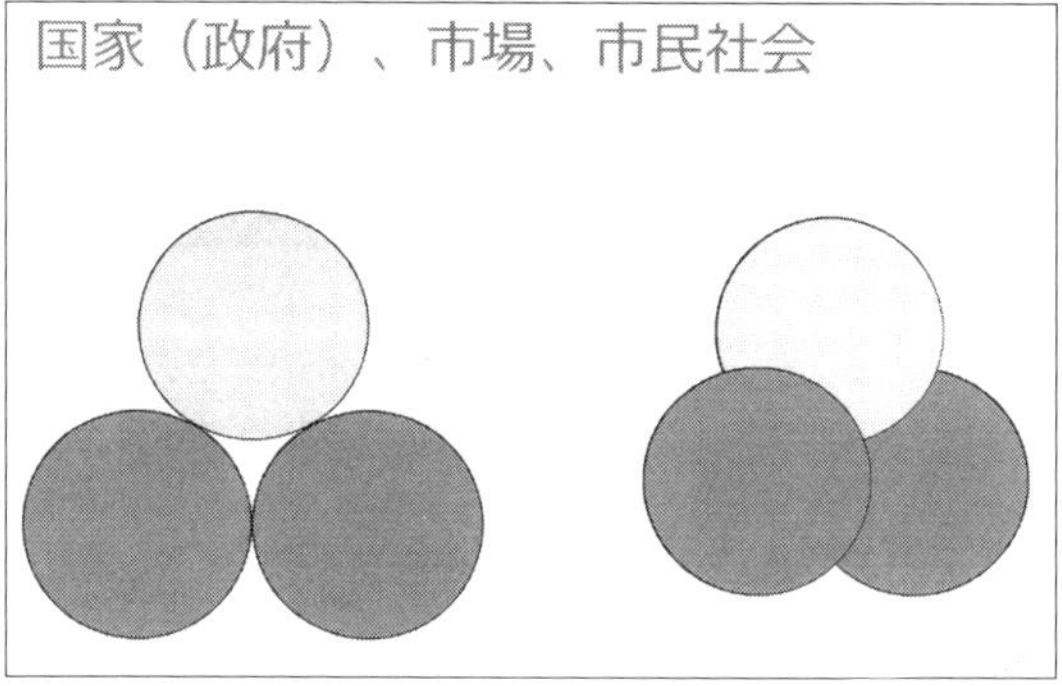

私からは、パネルディスカッションに入る前説として、私たちがどのような視点で問題意識を深めていくべきなのかをお話ししていきます。「ジャーナリズム・アクティヴィズム・アカデミズムの接続」。その連結点について一緒に考えていきたいと思います。

本日会場にいらっしゃっている多くの方は、仕事、もしくは個人的な関心として、国家や企業、市民社会というセクターに複数関わっていらっしゃることと思います。上の二つの図をご覧ください。左側の三つの円の間の白い部分は、隙間と考えることができますし、右側の円が重なっている部分については、公共的な役割と考えることができます。最近では政治空間においても「新しい公共」や「公共性」ということが論じられるようになりましたので、これらひとつの円、セクターだけでは十分に対応できない部分について、この三つのセクターがどのように協力をしていくべきなのかを考えていきます。

以上の話を分かりやすく考えていくために、「ジャーナリズム／アカデミズム／アクティヴィズム」について、公共空間という視点から考えていきます。様々な視点を設定することができます。まず、これらのセクターの中で、みなさんのお仕事はどのセクターに最も親和性が高いものでしょうか。そして、ひとことで「公共」と言っても、例えば、行政のことなのか国家的なことなのか（OFFICIAL／NATIONAL）、個人なのか集団、集合のことなのか（INDIVIDUAL／COLLECTIVE）、開かれているものなのか閉じられているものなのか（OPEN／CLOSED）、国家の中でおさまる話なのかグローバルな話なのか、それともアジアやアフリカ、もしくは関東、例えば新宿区、と言うようなの地域問題なのか（INTERNATIONAL／REGIONAL／LOCAL）という視点によって、いろいろと違うものが見えてくると思います。

本日は早稲田大学でこのシンポジウムが行われていますので、大学をひとつの軸として考えてみます。ジャーナリズム、アカデミズム、アクティヴィズムの三つの連携といっても、そのままなんとなく仲良く協力してやりましょうということだけでは見えてこないと思いますので、大学という存在を軸に立てて、何が出来て何が課題となるのかを考えてみました。

そもそも大学自体にも、さまざまな面があります。教育機関であり、研究機関であり、社会に開かれた社会貢献の場でもあります。そのほかにも、学生たちのサークル活動や、思い出作りなど、さまざまな側面があります。むしろ「その他」のほうが多様で重要だとは思いますが、ひとつ大きな問題として、今、大学が大きく変わろうとしているという現状があります。その変化の中で、アクティヴィズムやジャーナリズムとの連携は必要ですし、そこに大きなヒントがあるのではないか、ということです。

❖変化を迫られている大学

本日は、高校生や大学生、リカレントで大学の授業に顔を出されている市民の方もいらっしゃると思いますので、今、大学で何が問題となっているのか。簡単にいくつかの例を出して説明していきたいと思います。何よりも大学というのは、独立した存在でなくてはなりません。現在、加計学園の問題などで、新しく学部の許認可問題のプロセスが社会・政治問題になっていますが、実際、現在の日本ではそのように、大学の自治、学問の独立を巡る問題が非常に危機に瀕しているという現実があります。

最も大きな問題の背景には、就学人口の減少があります。現在日本には、780以上の国公立私立大学がありますが、2018年以降は就学人口が減るため、いずれは100前後の大学が淘汰されていくという危機感があります。また、早稲田大学はかつては全国各地から学生がやってきている全国区の大学というイメージがありましたが、年々、首都圏・関東の学生たちがメインの構成員に変わりつつあります。つまり、背景にある格差問題がますます深刻になっており、地方出身者の場合で、わざわざ一人暮らしなり寮なりの費用を出してまで、東京の大学に進学するのは大変だという人が増えてきているのでしょう。一方で、5000人前後の、海外からの留学生が早稲田大学に集まってきています。国内的には関東中心の大学になり(ローカル化し)つつ、国際的には世界各地から学生が集まり（グローバル化し）つつあります。そこには都市と地方や経済的な格差問題が国境を超えて展開している「ねじれ現象が深化している」現象ともいえるでしょう。

同時に学問のありかたも変わってきています。法学部、文学部など、古典的な学問分野もありますが、新しく、年配の方々にとってはかつては聞いたこともないような人間○○学部、国際○○学部、文化○○学部なども多く生まれてきています。その中で、時代的なニーズが優先され、例えば卒業論文を時間をかけて指導したからといって就職に役立つわけではないと、実質的に大学3年生で学びの主な期間が終わってしまうというような不十分さが、学部教育にも出てきています。その一方で、日本の大学の「ガラパゴス化」と言われるように、学生が海外留学を好まない傾向もあります。その主たる理由は、「就職に不利になるから」です。例えば、留学して帰国すると就職のタイミングを逃すなどの物理的な側面、また、留学経験のある学生は、企業に入ってからも上司の言うことを聞かないで反抗すると思われる、など、そのような迷信のようなものを、案外と今の学生たちは信じているという現象があります。事実であるかそうでないかはさておき、そう思う人がいることを指摘しておきます。

❖フィールドからとらえ、考える

このような状況も踏まえて、大学は変化を余儀なくされています。学問の専門性と実践性をどう学んでいくかという意味でも、本日のテーマである、アクティヴィズムやジャーナリズムとの連携を模索していきたいということです。

私は国際問題や地域研究、平和研究をフィールドとしていますので、その観点から言うと、「民際学」つまり、足で歩いて現場を知って人と触れあうということが重要だと考えます。現在、社会に対しての不満や変革についての問題意識を抱かない若者が増えています。これは大人の責任、既成社会の責任もありますが、社会問題に対しても怒らない、格差についても怒らない、今の政治に対しても怒らない若者を、世間ではこれを「サトリ世代＝怒っても意味がないと思う若者」と呼んでいます。目の前で問題が起こったとしても、なすすべはないし自分には何もできないので、上手に適応して目立たない存在でいこうという、皮肉な言い方をすれば、人間のある種の進化形のような存在になっています。しかし、世界が近づいていく今の時代に、当事者性をどのように育むかは教育現場の大きな課題ですし、傍観することの加害者性についてもきちんと伝えていかねばなりません。

しかし実際には学生だけではなく、教員自体もかなりだめな状況になっています。もしかしたら、大学はますます御用学者を育てるだけの御用機関になっているのではないか。例えば、現在大きな問題となっている大学における軍事研究についてはどう考えるのかなどの問題が顕在化しています。このように大学や教員・研究者自身も真剣に悩まなければならない事態になっています。また別の観点から見れば大学には、研究のための研究だけを好んで行う（＝社会の進化のためにというよりは個人の好みや利害のため研究を進める）研究者もいます。

アクティヴィズムの関連性という意味では、鶴見良行という先達が、『東南アジアを知る』（岩波新書）という本で「知なき力は暴走になりますし、力と連動しない知的生産は象牙の塔にこもります」と記しています。この言葉は、大学が肝に銘じる必要がある言葉であり、しばしば引用する言葉ですがここでも紹介しておきます。さらに読み進めると、鶴見はこのようにも記しています。

「カップラーメンをつくり味わってみるだけでも、机上で食品会社の資本構成を計算するよりいいと思う。つまり、私の方法意識では、カップラーメンをいじらずに、食品会社の資本を計算する学者は多々いるが、カップラーメンをのぞきこんで、そこに浮かぶ剥きエビがインドのマドラスの女性たちのむいたもの、と思いを運ばせるほうがいいと思うのです」

現在の日本社会の構造を見てみると、自国として食糧を3割しか自給できていないのに、日々、それ以上のものがゴミとして流れていきます。この構造を可能にしてしまっているのは何なのか。一般的にはその問題への自覚や当事者性がないまま、私たちが食べているものを誰が作って、誰が加工しているのか、そのような部分が非常に見えにくくなっているという現実があります。それを、今までの座学ではない形で、ジャーナリズム・アクティヴィズムと連携して学んでいく必要があるということです。

❖社会に足を付け社会貢献をめざす学問

教育機関としての大学と、研究機能としての大学、社会貢献機能としての大学の観点から、少しだけ話を深めていきます。そもそも、今の日本の大学、そして社会運動、ジャーナリズムに共通している課題があります。それは、良い人材が育たない、ということです。良い記者が育たない、良いジャーナリストが育たない、NGOの現場で役割を果たせる若い人がいない、という悩みです。この状況をどう克服するのか、どのような人材を育成すべきなのかということ。いきなり特別なことを目指せ！　といってもサトリ世代には通じません。パラダイムが変わりつつあることをまず私たち（大人）は自覚しなければならないと思うのです。大きな構造の変化の中で、私たちの日常生活の中で重ねてきた体験を、どのように活かすのかということです。

過去の一例を挙げますと、私は2001年の9月11日、米国同時多発テロが起こったときにはまだ大学院生でした。当時、国際関係論を学ぶ仲間たちとこのテーマで議論になったときに、ある人がこう言いました。「国際政治の理論に大きな変化はないと思う」。私はとても驚きました。少なくとも、結果的に大きな変化は起きましたし、また、今現実に起こっている問題に対して、研究の世界に携わる人がそのような形でしかコメントをしないということを残念に感じたのです。東日本大震災（3・11）が起こったときも、非常勤講師をしていた東京の私立大学で偶然であった知り合い講師に対して、この未曾有の体験を授業で活かせるのではないかと話したところ、「それは自分には無理です」「私の学問領域はそういうものではありません」と言われてしまい、がっかりした覚えがあります。いわゆる「学問」と実社会が、あまりにも乖離していることをどう補うのか。これは私たちの今後の重要課題です。

教育機関としての大学を考えたときに、まず、どのような人材を育成したいのか、ということです。

この問題には、アクティヴィズムの衰退、専門職能化の問題も関係しています。例えば、学生が就職先を考えるとき、同じ国際協力や開発に関わるにしても、お金が多くもらえるほうがよりありがたい。それはほとんどの場合において確かにそうです。ＮＧＯ・ＮＰＯの仕事を学生が就職先として考えなくなってきている状況もあります。しかし、問題意識として、ＮＧＯになぜいくのか、国連で何ができるのか、外務省で働くことで何ができて、何ができないのか、ということを考えずに、なんとなく、こういうテーマのほうがかっこいいから、と進路を決めるのであれば、キャリア教育を目指す大学は、きちんとその問題を考えていかなければなりません。問題意識や、社会を変えたいというような情熱を、どこまで共有できるのか。ＮＧＯ・ＮＰＯも、即戦力を求めるために採用をするのではなく、インターンやボランティアとして連携する必要がありますし、大学からも現場のＮＧＯ・ＮＰＯ、またはジャーナリズムと連動していきたいと思っています。

研究機関としての大学についても同様です。どのような社会の制度やシステムをデザインしたいのかということ。これは、そもそも人文学や社会科学研究の意義であります。既存のＮＧＯ研究やジャーナリズム研究はどちらかというと人文学や社会科学のテーマですが、しかし芸術学や医療、多様なイシューにむきあう、バラエティに富んだ問題意識や才能が、これからはより必要になってきます。それは先ほど話したような、新しい学部、新しい研究分野が生まれてきたことも背景にありますが、未だ十分に活かされていません。様々な工夫をしていかなければなりません。

ジャーナリズム研究の分野で言うと、現在、ジャーナリストのＯＢ・ＯＧも大学の専任教員になれる開かれた時代になりました。しかし研究拠点としての大学という側面から見ると、彼らは研究者ではないので、学術論文の指導においては十分な指導ができないという限界も垣間見られます。研究指導に携われる教員・研究者として活躍できているかというと、それは十分ではない。その課題は補われる必要があります。私も授業で「現場」の方たちをお招きして講義をして頂くことがありますが、一度二度は充実した話ができるのですが、15回の授業を、３コマ、４コマ担当していただくことになる場合、大きな枠組みからの話ではなく、個人の体験に基づくことが一般的になり、問題が生じます。たとえば、同じ話の再生産になったり、時には、武勇伝で終わってしまうようなパターンもたまに見られたりします。経験を超えた全体像を俯瞰するクリティカルなアプローチが必要ですし、現場のことをより普遍的に発展させるというメカニズムが必要です。これをどのように作っていくかという、研究者と現場活動家の協力が重要な先決課題として残っています。社会に順応する人材だけではなく、社会を変えていきたいと志す人材をどう生み出すのか。これは学部レベルではなく、大学院、修士や博士課程の学生をどう受け入れてどう育てるのかという意味でも非常に重要なテーマです。

また、社会貢献の場として大学が地域に開かれた場所になっているかという問題についてお話しします。つまり、大学としてどれだけ街やコミュニティに溶け込んでいるかということです。さきほど引用しました鶴見良行の言う「象牙の塔」に籠もっていてはいけないだろうということです。偶然に何かが起こる単なる場所（PLACE）ではなく、事件が起きる現場（FIELD）にしなければならない。そこで何か出来事があって、出会いがあって、何かが生まれるような空間にしなければならない。それが今日のテーマである現場と現場を結ぶ、ということでもあります。

複数のフィールドが生まれる起点として大学があるということです。大学や街を「ミュージアム」にする、箱物から飛び出て、開かれた空間、開かれた対話が自由に行われるフォーラムを目指すということです。例えば、サンフランシスコ近辺には、多数のベンチャー企業があって大学と連動しています。中国においても、大学周辺に同じような状況が生まれていると聞いています。ここ早稲田、高田馬場にも、実はたくさんのＮＧＯが集まっていますが、未だ十分な連携はとれていませんので、今後はそのような工夫をしていきたいと思っています。その一例として、今日、ワセダクロニクルやＪＶＣ（日本国際ボランティアセンター）、ＪＣＢＬ（地雷廃絶日本キャンペーン）との出会いがあります。ここから今後何が生まれてくるのか、今日のシンポジウムをそのきっかけにしたいと思っています。

この後の第2部でみなさんとお話ししていくために確認しておきたい共通の問題意識として以上のことをお伝えした上で、私の前説を終わらせて頂きます。ありがとうございました。

Ⅲ. パネルディスカッション ジャーナリズムとNGO・NPOとの連携を求めて

司会…金 敬黙

パネリスト…内海旬子、渡辺直子、渡辺 周

＊登壇者プロフィール

内海旬子（うつみ・じゅんこ）…地雷廃絶日本キャンペーン（JCBL）理事。日本イラク医療支援ネットワーク（JIM‐NET）では海外事業担当も務める。日本体育大学非常勤講師（ソーシャルワーク）。大学卒業後、外資系企業勤務を経て、カンボジアでのリハビリテーションセンター事業に携わり、その後もNGOにて主に障害分野の活動に従事。2006年4月より2013年9月までJCBL事務局長。2015年1月より、JIM‐NETのヨルダンにおけるシリア難民の負傷者・障害者支援事業担当として、ヨルダンと東京を行き来している。

渡辺直子（わたなべ・なおこ）…日本国際ボランティアセンター（JVC）南アフリカ事業担当兼地域開発グループマネージャー。大学卒業後、ボランティア活動をしながら海外を放浪、その後イギリスの環境保護NGO勤務など経て、2005年、南アフリカ事業担当としてJVCへ。2010年より2年間、同国現地代表。2013年からモザンビークに足を運び、現地の農民たちと日本のODAや、現地で起きている土地収奪等に対する調査・政策提言活動を行う。2017年度より地域開発グループマネージャー。

（司会の金敬黙とパネリストの渡辺周の略歴は本書の編者略歴に記載）

❖マスコミとも協力し条約加盟へ

内海旬子　みなさんこんにちは。地雷廃絶日本キャンペーン（JCBL）[*1]の内海旬子と申します。まず初めに、私たちの活動をご紹介と、メディアとの関わりについて少しお話しします。

JCBLは名前のとおり、対人地雷のない世界を作るために活動しているキャンペーン団体です。主な活動は地雷禁止条約を進めるためのアドボカシー（政策提言）活動と、

地雷の犠牲者への支援です。また、その活動を進めていくために、広く多くの方たちに地雷の問題、加えてクラスター爆弾の問題などを知って頂くための活動をしています。

私たちの活動は、世界のNGOがネットワークを組んで行っています。地雷禁止国際キャンペーン（ICBL）というネットワーク下に、約100カ国のNGOが連なっています。JCBLもそのひとつで、他にも、韓国や台湾、ネパールやヨーロッパの国々、アメリカなどのキャンペーンが入っています。

ICBLは、1992年に、対人地雷禁止条約を作るために6つのNGO団体によって結成され、現在では1100を超える団体が加盟しています。この運動によって、1995年には、世界初の「対人地雷の製造、使用、輸出、移譲禁止法」がベルギーで成立し、EUが対人地雷禁止に向けて共同行動を決定、1996年にはカナダのオタワで対人地雷全面禁止に向けた国際会議が、1997年9月には対人地雷禁止条約（オタワ条約）の起草会議がオスロで開かれ、12月に条約が成立しました。[*2] その活動を評価され、同年、ICBLはノーベル平和賞を受賞しています。

対人地雷禁止条約とは、対人地雷を作らない、使わない、持たない、売ったり買ったりもしないということを決めた条約です。地雷が使われている現場を見ていたNGOの人たちが声をあげ、その声に賛同していくつかの国が対人地雷禁止を決定し、条約を作るところまでこぎつけました。当時は軍縮条約の制定過程に市民がかかわることがなかったので、「市民の作った条約」と言われています。国際条約は、国連で各国の代表団が議論して作りますが、これ以降は、その場にNGOを招き、彼らの声を聞いていくということが普通になりました。そのきっかけを作った条約でもあります。

その後、私たちはクラスター爆弾[*3]の廃絶にもとりくみました。クラスター爆弾とは、戦闘機から落とされたり地上から発射される親爆弾の中に、小さな子爆弾が入っている爆弾です。その中にさらに細かい鉄片が入っているものもあって、殺傷範囲は広範囲に及びます。また、投下されても全てが爆発するわけではなく、不発弾として残った子爆弾は、事実上の地雷として、戦争が終わったあとでも地域に脅威を持ち続けるという現実があります。クラスター爆弾の被害者の94%が一般市民です。[*4]

国内では毎日新聞が私たちよりも早い2003年から「ストップ・クラスター・キャンペーン」を行っていました。

私たちも2007年からNGOとしてキャンペーンを始めました。これはメディアとの連携が相乗効果を生んだひとつの例でした。

毎日新聞が早い時期にクラスター爆弾禁止キャンペーンに取り組んだのにはきっかけがありました。

2003年のイラク戦争時、現地入りをしていた毎日新聞の記者が、すでに爆発した後の子爆弾だと思って持ち帰ろうとしたクラスター爆弾が実は不発弾で、それが空港のX線チェックで突然爆発した事件がありました。その時に不幸にも空港の職員が亡くなってしまったのです。そのこともあって、毎日新聞はクラスター爆弾の問題に取り組んでいたと聞いています。

当時のキャンペーンにおいて、私たちはマスメディアと非常に良い協力関係を持ちました。クラスター爆弾禁止条約を話し合うための国際会議に私たちが参加したときも、その場にはいつも必ず毎日新聞の同じ記者の方が参加していました。私たちNGOが伝えきれないニュースを、マスメディアとして広く知らせて下さったことは、日本国内にこのニュースの重要性を広めるために非常に大きな役割を果たしました。

なぜ、日本国内で広めなければならないかというと、禁止条約が出来たら、日本政府にも加盟してもらわないとならないからです。地雷禁止条約のときもそうでしたが、日本政府は条約の加盟に反対でした。なぜなら、日本はクラスター爆弾の製造国であり保有国であったからです。当時の日本の安全保障政策にクラスター爆弾の保有が含まれていました。また日本の米軍基地にはすでにクラスター爆弾が多く貯蔵されていたこともあり、日本政府はクラスター爆弾の全面禁止には後ろ向きだったのです[*5]。その政策変更を求めるキャンペーンを展開するにあたって、人々に広くこの件を知らせる必要がありました。そのために毎日新聞の記事が大きな役割を果たしたのです。2008年12月の調印式の直前に、日本は条約に入ることを決めまし

た。[*6]

余談ですが、調印式には、私は着物を着て会議に参加しました。非常に目立ちましたので、各国のメディアの方々が私たちの写真を撮ってくれました。これは私たちの作戦のひとつで、キャンペナーはそれぞれの国の民族衣装を着て出席し、世界中の市民がこの条約に関わった、ということを広くアピールするのが目的でした。

❖投融資にも警告

近年、私たちはクラスター爆弾への投融資禁止キャンペーンを行っています。これも、世界のNGOネットワークで同時に行っています。クラスター爆弾禁止条約は、クラスター爆弾を使わない、作らない、ということを決めた条約ですが、クラスター爆弾製造を支援する活動も禁止しています。

その中に、クラスター爆弾製造企業への銀行の金融活動も含まれます。投融資をやめさせることによって、クラスター爆弾をなくしていこうという試みです。現在、世界17カ国が中心になってこのキャンペーンを展開しており、ほぼ毎年、状況をレポートとして発表しています。[*7]今年は、そのレポートの発表を東京の日本外国特派員協会（FCCJ）で行いました。主要メディアでも多くニュースを取り上げました

ので、ご覧になった方も多かったのではないでしょうか。

投融資の現状がどうなっているかについて簡単に説明します。現在、世界の１６６の金融機関が、過去4年で３１０億ドル（約3兆４０００億円）を、クラスター爆弾の製造企業[*8]に対して投融資しています。クラスター爆弾を製造している企業は、私たちが情報を得た範囲で6企業あり、実際には他にもあるのですが、まずこの6企業を対象に調査を行いました。その中で、日本の三菱ＵＦＪファイナンシャルグループが、ローン融資の分野では世界3位の融資をしていたことが明らかになりました。

日本においては、その他にも、三井住友ファイナンシャルグループ、オリックス、第一生命保険の計4社が、クラスター爆弾製造企業に、計２１００億円を投融資していたことが確認されました。[*9] これはクラスター爆弾禁止条約の加盟国の中では、社数、金額ともに最多でした。

また、この調査とは別なところで確認されていることですが、私たちの年金を運用する年金積立金管理運用独立行政法人（ＧＰＩＦ）が、やはり米国のテキストロンというクラスター爆弾をつくっている企業の株式を保有していることも判明しています。[*10]

日本はクラスター爆弾禁止条約の締約国です。この条約に合わせて調整した国内法[*11]では、製造企業への金融行為に関して特化した表記はないのです。日本政府としては「投融資に関しては禁止していない」と解釈しているわけです。[*12]

しかし、世界では、投融資も含めた「援助」を禁止すると解釈を明確にしているところもありますし[*13]、日本も、今後はそのような「援助」はやめてもらいたいと私たちも訴えています。

日本は？

- □ 日本人の個人金融資産は1,700兆円（貯金、預金、保険、年金）。900兆円くらいが預貯金
- □ 国民年金、厚生年金。GPIFが約140兆円の資金を運用している。
- □ 金融機関の投融資が市民、社会によく理解されていない

クラスター爆弾製造企業に対する日本の金融機関の投融資に関しては、まだ多くの人が知るような状況にはなっていません。社会としてもあまりその点に注目してこなかったわけですが、問題が確認できたのなら「ここにこのような問題がありますよ」と社会に対して知らせていくの

NPO/NGOの役割

- □ 新しい社会のコンセンサスづくり
- □ 問題の共有。どこにどんな問題があるのか。
- □ 時に当事者の代弁
- □ 関係省庁・機関への働きかけ
- □ 情報の共有

が、私たちNGO・NPOとしての役割だと考えています。

草の根に足を置いているのが、私たちの特徴です。現場で何が起こっているのか、人々から直接話を聞いたり、見えてくる問題について、何が問題なのかを知らせて、問題を共有してもらい、時には問題の当事者の代弁者にもなる。

そして問題解決のために、関係省庁や機関に働きかけていく。そしてそこで得た情報を、再び多くの人に共有してもらうための努力をする。それが私たちに課せられた役割のひとつだと思っています。特に、ＪＣＢＬは、その点に力を入れて、アドボカシー活動を行ってきました。

❖メディアは持続的に伝えて

そのような立場から、あらためて、メディアに対して何を期待するのかということを申し上げれば、まずは、何よりも記者の方には、私たちの持っていない専門家としてのノウハウがあるのですから、それを活かして、事実の追究と発表を、私たちの力が及ばないやり方で、続けて頂きたいということです。

さらに言うならば、これまでの経験からしても、メディアの方々はいつも「新しいもの」を求めていらっしゃる。私たちが長年携わっている地雷の問題を訴えても、「地雷の話はもうやりました、クラスター爆弾もやりました。もっと新しいニュースはありませんか」とおっしゃる。そのような「新しい話題」ではないものにも取り組んでくださる方がいてほしいのです。全員がそうならなくても良いですが、持続的に伝えてくださる記者の方がいてほしい。

また、もうひとつよく言われるのは「〈絵〉がないと報道できない」ということです。私はヨルダンのシリア難民の支援にも関わっていますが、彼らの多くは、自分の身を守るために、映像で顔を出したくはないと思っています。

しかし、知ってほしいこと、訴えたいことは多くある。

けれども「絵」がないという理由で、「それでは取り上げられない」と言われてしまう。メディアのみなさんには、「絵がない」ニュースに関しても、伝える方法をぜひ考えてほしいと思います。

　本日のシンポジウムのテーマである、NGO・NPOとメディア、ジャーナリストの協力、コラボレーションに関しては、私たちも一緒になって今後も考えていきたいと思っています。私の発表は以上です。

金敬黙（司会）　ありがとうございました。次はJVCの渡辺直子さん、よろしくお願いします。

❖日本のODAがモザンビークの農民の暮らしを奪っている

渡辺直子　まず、JVC[*14]の紹介をさせて頂きます。我々の団体は、中東、東南アジア、アフリカ、そして南北コリアと日本を含む世界の10カ国と地域で活動をしています。私はその中で、南アフリカでの活動と、モザンビーク[*15]についての調査研究と政策提言を担当しています。今日はその中から主にモザンビークに関する政策提言の話をさせて頂きます（章末に関連情報を付記）。

　モザンビークについて、よくご存じない方も多いと思うので、少し背景を伝えさせてください。モザンビークという名前をきいてすぐぱっと場所がわかる方はあまり多くないかと思います。聞いたことがあっても、モザンビークを、南アフリカのひとつの地域だと思っている人も少なくありません。実際にはモザンビークは、国で、アフリカの南部、南アフリカの北にあり、面積は日本の2倍程度です。私はモザンビークの中でも、主に北部地域、ナンプーラ、ニアサ、ザンベニア、カーボ・デルガード州を対象に活動しています。

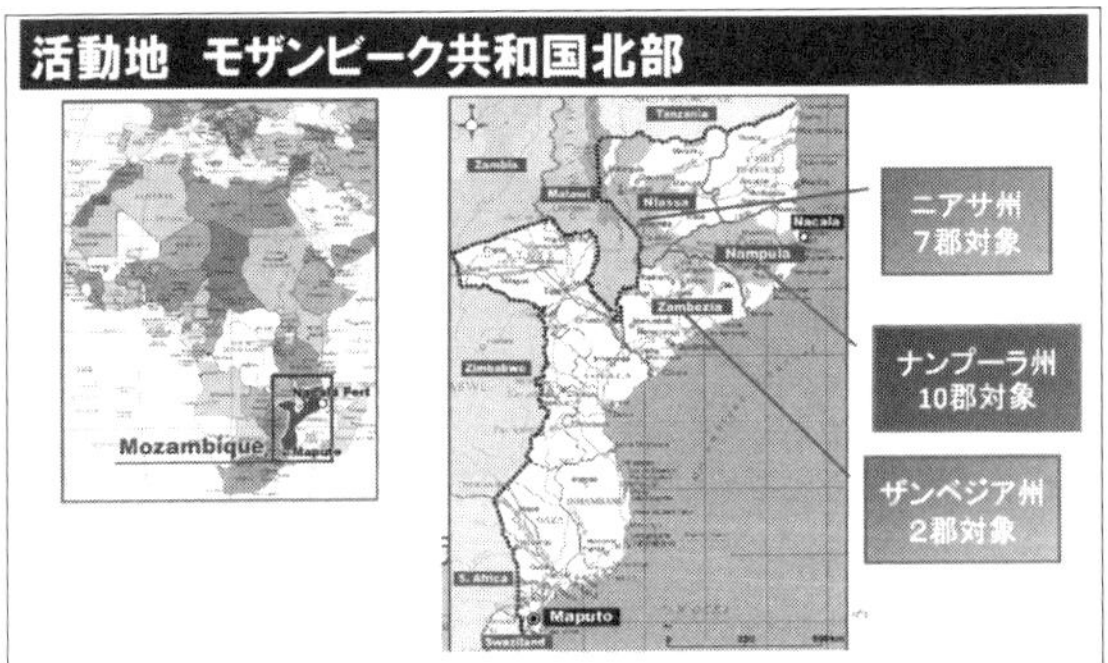

ナンプーラ州、ニアサ州、ザンベジア州の19郡。面積は約1,000万ha
（日本の全耕地面積の2倍以上）。
約430万人、87.5万家族が暮らす。

　なぜこの地域を拠点に活動するかというと、日本の政府開発援助（ODA）開発援助資金によるプロサバンナ事業と言われる農業開発計画[*16]が行われている地域だからです。

　プロサバンナ事業とは、日本とブラジル、そしてモザンビーク3国によるプログラムで、国際的な援助業界では「三角協力」の眼玉として謳われ、2009年に3国間で合意されました。モザンビークの北部19郡にまたがる、地域面積約1100万ヘクタールを対象に、大規模な農業開発を行う、そのために投資を呼び込むというコンセプトで開始さました。これは日本の全工作面積の約2倍に匹敵する広さです。その地域に暮らす約400万人の農民・農業従事者に裨益《ひえき》する計画と言われています。日本側で実施に関わるのが、JICA（国際協力機構）と外務省です。

　しかし2012年秋に、モザンビーク最大規模の、小規模農民たちによる全国農民連合・UNACから、日本の市民社会に対して、日本・ブラジル両政府によって行われているプロサバンナ事業が、将来的に何らかの形で彼らの土地を収奪する可能性があるとの訴えがありました。しかし、まだ情報がほとんどないので、ぜひ力を貸してほしいという要請があったのです。

　私はそれまでに、南アフリカの農民と共に農業の活動をしてきた経験がありました。現地での彼女ら・彼らの実践や主張に非常に共感していたこともあり、モザンビークの小農たちが主張することに納得がいき、この運動に関わることになりました。しかし、400万人が裨益《ひえき》するという事業に、なぜ現地の農民が反対をするのか。現地で何が起きているのか。まずそれを知る必要があると考え、農民らを日本に招へいし、その後現地調査を行いました。この活動には、私たちNGOだけではなく、研究者や他に仕事をもつ方が市民運動で関わっています。調査の結果、見えてきたことは何だったのか。

❖元々豊かな土地に当事者無視で入り込む開発

　国連開発計画（UNDP）が出している人間開発指数（HDI）[*17]という指標があります。これは、平均余命、教育、所得指数を複合統計し、経済成長という観点以外からも国の人間開発のレベルを図る指標ですが、そのデータ上で言うと、モザンビークは、世界の最低から3番目と評価されるような、非常に生活環境が厳しいとされている地域です[*18]。

　しかし、データ上ではそうなのですが、実際に現地に入ると、北部地方は降雨量が年間1200ミリありますし、水も森も非常に豊かです。自分たちの地域に小川などの水

場を持ち、それを畑に引いて、農業をしながら暮らしています。南アフリカで農業に携わってきた経験から見ても、非常に豊かな生産活動をしているという印象です。

　マーケットにも地元で生産されたという多様な食材が見られました。主食のキャッサバ（イモ）やメイズ（トウモロコシ）、豆、野菜のほかに、干した魚などもあります。食生活も豊かなのです。

　もちろん、貧困の問題も起きていますが、それは様々な形で搾取される社会構造ゆえである側面が大きいと思いましたし、小農ら自身も、そう考えていて、自分たちの抱える課題をその農業の在り方には結び付けていませんでした。しかし、前述のプロサバンナ事業においては、このような小規模農民を「低投入→低生産→貧しい」とみなしてしまうのです。そのような一方的な評価の中で、ＪＩＣＡは、かつてブラジルで不毛の地とされていたセラード地帯を一大穀倉地帯に変えることに「成功」した例から[19]、モザンビークにも同じような農業開発を持ち込もうという発想で、プロサバンナ事業をスタートさせました。

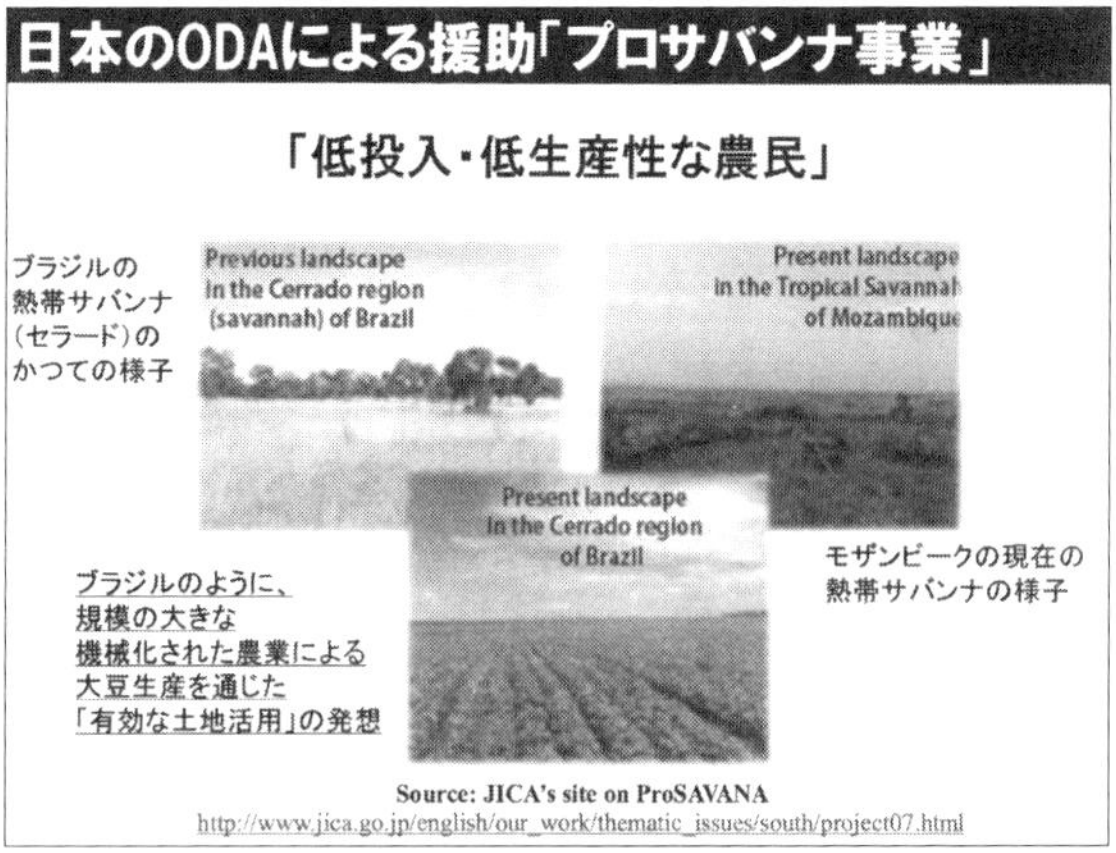

　前述したように、モザンビークの小規模農民たちは、非常に豊かで多様な生産を行っています。その彼らに対して、プロサバンナ事業では、前述した19の郡に対して、この郡

はキャッサバ[20]を栽培、この郡は綿花、この郡は大豆、タバコ……というように、特定の作物を指定し、それぞれ大規模な単一農業開発を進め、生産したものは海外へ輸出していくモデルを当てはめようとしていました。なお、北部5州では、日本が中心となってナカラ経済回廊開発を進めています。この回廊開発は、港湾とそれを結ぶ鉄道や道路の整備をし、石炭や天然ガスなど内陸部と沿岸部で資源開発を進め、植林事業を行い、農業と合わせてこれらの「成果」を海外に輸出していくという、植民地さながらの開発計画と認識しています。プロサバンナ事業はこれと連動しています。

ナカラ経済回廊開発：基本構想（簡略図）

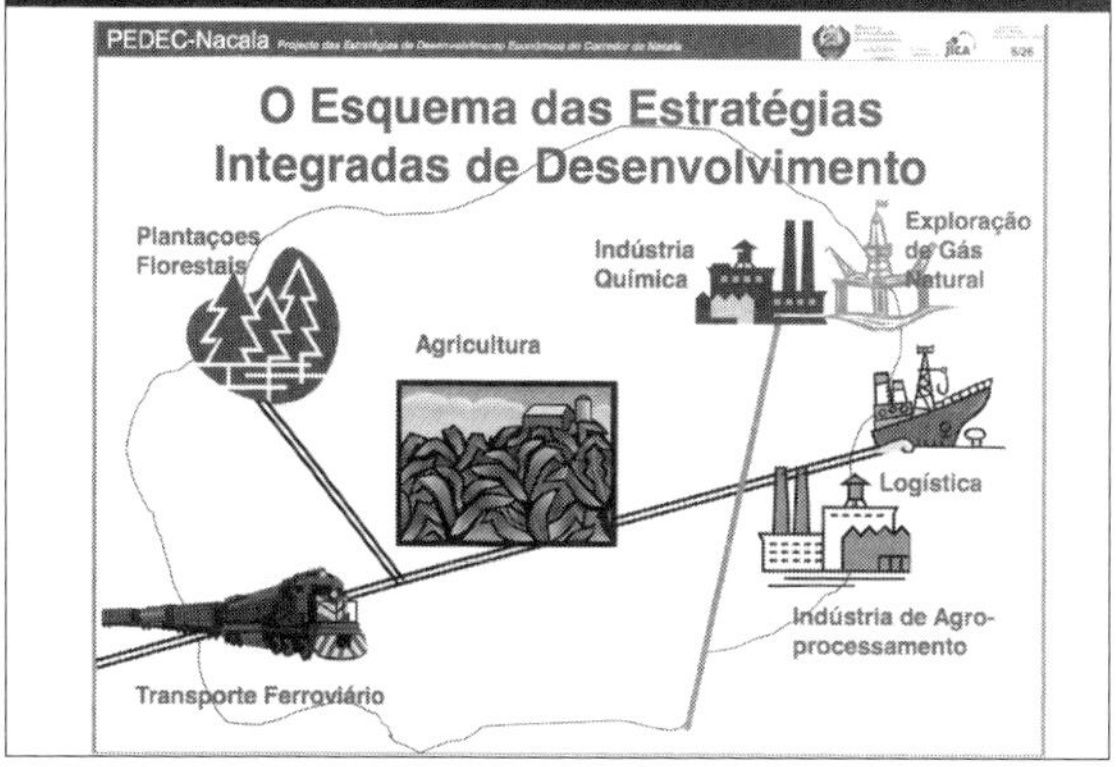

　こうして大規模農業開発を行い、「あなたたちをリッチにしてあげる（当時の外務省担当官発言[21]）」という発想で始まったプログラムです。事業は、官民連携で行われ、2013年までは多くの企業を対象に、東京あるいはモザンビークで投資セミナーなども行われていました。

　しかし小規模農民たちが暮らす現場では、2010年頃より多種多様な生産活動をしていた土地が、投資を受けたアグリビジネスの進出により収奪される例が頻発しています。彼らの地元の森やそこにある水場、畑、時にはお墓などがある暮らしの場所を、突然やってきた企業がまっさらな土地にして「農業開発」してしまうというような例が、様々な力関係の下で強制的に行われているのです。

　これは、モザンビークに限らず、アフリカや南米を中心に、世界中で起きていることです。人口の約50％が栄養失調に苦しむような国々こそが「貧しいから援助してあげるよ、開発してあげるよ」といわれ、先進国およびその企業の収奪のターゲットにされているのです。モザンビークもその最前線にいます。そのような状況の中で、モザンビークの小規模農民たちは声を上げました。また土地を奪われることへの懸念以外に農民らが訴えているのは、事業について何ら情報が開示されない、自分たちに共有されないという不透明性についてです。

土地争奪の傾向

栄養不良が課題とされる国の多くで奪われる土地。
土地収奪者：海外で農地を買収する投資企業の出身国
被土地収奪国：投資企業から収奪のターゲットにされている国々
土地収奪する側と、される側の両者の存在：投資企業にとって収奪の源泉であるとともに、ターゲットにもなっている国々。
○人口の約10%以上が栄養不良の国

「私はここで何十年も土地を耕してきた。この土地に何が合うのか、自分たちが何を栽培し、何を食べたいのか、それは我々自身が一番良く知っている。だから、まず我々に何が必要なのかを聞いてほしい」

　これは、UNACの当時代表だった方の言葉です。プロサバンナ事業が、当事者を無視した計画を、上から押しつけてくることに対して抗議しています。自分たちの社会を自分たちで決めたいという、当たり前の主張で、自国の民主主義・主権のための闘いでもあります。もちろん彼らの暮らしには課題がありますが、自分たちの主権と農業の実践に基づいた発展を求めるとして、オルタナティブを自ら提示していくこともきちんとできる方々です。

　そのような方たちと共に、我々も協力をして、事業の透明性の確保と、小規模農民の方々の、意味ある参加や真の対話の機会を求めて、この4年半、活動を続けています。

活動①　現地調査

　私自身も、この4年間で9回、現地に足を運び、小規模農民や現地の市民社会組織のメンバーたちと、共同調査を行ってきました。農民にとって調査は、別の地域に暮らす農民たちと出会うことができ、また新しい土地収奪のケースを発見する機会にもなり、情報伝達や抵抗運動の展開にも繋がっています。このような機会としても活用してもらうために、調査は農民たちと話し合い、お互いに提案をしながら行っています。彼らの社会のことなので、何が

課題かは彼らが一番よく知っていることですし、何よりも、こちらにとっては、農民たちが何を課題と考えていて、どうしたいのか、何をしたいのかを知るいい機会にもなります。実際、自分が思いもよらなかった問題が起きていたりして、驚くこともあります。

❖公文書の情報を集め政策提言へ

調査に加えて、私たちは、外務省・JICAの事業に関する公文書を情報として集め、政策提言に活かしています。そのために、資料の開示請求を行っています。最初は

開示請求の結果、提出された文書。

全面黒塗り状態で文書が出てくるのですが、不服申し立てを繰り返すうちに、内閣府の情報公開審査会で、情報の不開示が不適切とされ、全面的に開示されたものもあります。そうこうするうちに、昨年4月から5月にかけて、内部告発により政府文書がリークされるにいたりました。これらは我々がそれまで求めてもなかなか出てこなかった資料です。Farmlandgrabという国際NGO・GRAINらが運営するサイト[22]があるんですが、そこに46点のリーク文書がアップされました。[23]

このようにして私たちは様々な情報を得て、報告書や分析ペーパーとしてまとめて発信し、政策にいかすという活動を行っています。また、いろいろな人に、日本政府は我々の税金を使って何を行っているのか、援助の現場で何が起きているのかを知って頂くための世論喚起にも勤めています。例えば、モザンビークの農民や市民社会組織のメンバーを招聘し、国会議員の方に協力を頂いて院内集会

を行うことで、議員や一般市民に生の声や情報を届けています。

しかしながら現状は、いまだ改善されていません。2017年4月27日には、プロサバンナ事業の対象となっている地域住民（小規模農民ら）11名が、JICAに対して環境社会配慮ガイドラインに違反しているとして異議申し立てを行いました。[*24] これは、実地および文献調査を通じて我々がこれまで集めてきたファクトと、開示請求やリークによって得られた政府文書を基に、事業下のさまざまな人権侵害についてJICAとの関与が証明できると踏み切ったものです。

私も目の前で政府関係者による農民への弾圧や脅迫を目の当たりにしたことがありますし、また同事業下で資金を得ている地元企業が土地収奪を起こしています。そのため農民たちはこれまでもずっと事業下で自分たちが人権侵害を受けている、土地が収奪されていると訴えていましたが、「プロサバンナとは関係ない」と言われ、もやもやした気持ちでいました。JICAには我々からも対応を求めており、本来はこの段階で対処されるべきでしたがそうはならなかった。

しかし、調査という方法を通じてガイドラインの不遵守を示す客観的な根拠・データを集めることができたことで、ようやく、異議申し立てを行うことができたのです。

現地では、政府から弾圧を受け、プロサバンナ事業に反対するものは投獄するぞと脅され、実際4〜5時間、地元政府関係者に拘束され「事業への反対意見を撤回するよう」脅迫された農民もいます。私たち日本の国民の税金を使ってやっているODA事業によって、モザンビークの農民たちが危険にさらされているということなのです。

また、現在、ナカラ回廊開発の一環で、テテ州にあるモアティーゼ炭鉱およびナカラ回廊鉄道・港湾インフラ事業（鉄道整備・敷設）を手がけているブラジルのVale社がありますが、その背後には日本の商社、三井物産がいます。なおこれら両事業については、我々の調査ですでに住民の強制対処やずさんな工事による死亡事故等、被害の実態が明らかになっています。[*25]

三井物産は、両事業に出資参画として投融資を行い、炭鉱の95%の権益を保有するVale子会社の15%持分、同インフラ事業を推進するVale子会社の50%の持分を取得しました。その背後には、国際協力銀行（JBIC）による融資があります。その資金の出所は日本政府、すなわち我々の税金です。

このように、モザンビーク北部への援助の形は、ODAにおける無償と借款、そして融資などがあるのですが、昨年（2016年）から今年にかけて、モザンビーク政府による「債務隠し」が発覚するなどの事態がありました。[*26]

これを受けてまず借款、そして無償支援が止まり、今JBICからの融資も決定できる時期にはありますが、まだそれがなされていない状況にあります。

政策提言、発信、学術への還元
政策対話＋制度への還元の場として、
・NGO外務省定期協議会　ODA政策協議会
→プロサバンナ意見交換会
・財務省NGO協議会
・NGO-JICA協議会

このことは、私たちの活動の一環として、外務省だけではなく財務省とJBICにも働きかけており、様々なファクトを提示してガバナンス問題を指摘してきた我々の活動の影響もゼロではないと思います。とはいえ、先ほど申し上げたようにプロサバンナ事業における状況が改善されたわけではありません。

❖人々の側に立ち公正さを求める我々と、予防のために役割を果たしてほしい

こうした活動を受けて、私たちがジャーナリズムに期待することは、先ほど内海さんがおっしゃったこと重なる部分があります。

我々も、自分たちが調べてきたことを発信するために、メディア、ジャーナリストの方々の協力を頂きたいと思っています。ですが、「プロサバンナ事業の問題を訴えても、プロサバンナ事業や日本の企業が土地収奪を起こしているわけではないのですよね？」と言われる。つまり、撮れる「絵」がないから、報道できないということなのです。

一方、我々NGOあるいは市民社会の強みは、「人びと」の側に徹底的に立てること、そこに足場を置けることです。それだからこそ、早い段階で、人びとの間に起こるあるいは起きている問題に対するアラートを早い段階で発することができる。予防ができるということなのです。“Do no harm”（害を与えない）、それが我々の活動の原則です。

このため、ジャーナリズムにも、「絵になる」、すなわち起きてしまった問題を報じるだけではなく、いかに予防をするかをその責務として考え、役割を果たしてほしい。予防にまさる解決方法はないからです。一度起きてしまえば必ず誰かを傷つけますし、不可逆的な問題も多いのです。そうならないための、予防のために、ジャーナリズムは何を果たせるのか。その点をぜひ考えて頂きたいと思います。

また、報じることを断る理由のなかに、メディアとしては「中立の立場で」「あらゆる角度で情報を提供する必要があるので」とおっしゃる方も多くいます。

現実には、人権・環境を含む社会問題と言われることの多くは、圧倒的な権力構造の中で、既得権益を守りたい人たちの側が引き起こしているケースが多い。一方で、権力構造下における「中立」とは、結局は権力に対して有利な立場を取るということに他なりません。大切なのは、中立ではなく公正さです。

ジャーナリズムの本来の役割が「権力をウォッチ」することなのだとしたら、中立ではなく公正さをどのように保てるのか。そこを考えていただきたい。広く情報を伝えることにおいて、公正な報道が果たして可能なのか。それを誰がどう判断するのか。

また、本日は会場に若い女性の方が多くいらして、とても感動しています。ここにいる人たちはそのようなことが決してないと思うのですが、現在、特に若い人たちの間では、政治や社会について語ることが格好悪いことだというような空気があると聞きます。それは我々市民のメディアリテラシーの低さにも関係しています。さきほど上映されていたワセダクロニクルのビデオ[*27]の中でも、きちんと情報を読み解くことの重要性が指摘されていましたし、金先生も、他者への無関心、傍観することの加害性について述べられていました。まさに、他者への無関心が様々な問題の根底にあると思います。

メディアやジャーナリズムの役割は、権力をウォッチすることですし、それは、世のため人のため、良い社会を導くためのものと信じていますが、そうであるならば、共にウォッチしていく人々を増やすためにも、情報の読み解き方や視点を、ジャーナリズムがその仕事を通して育成していくことも重要ではないでしょうか。公正な情報を届けることで、社会を、政治を語ることが格好いい、とみんなが感じるような社会をつくる。それがまわりまわって、ジャーナリズムを支えていく。そのような社会を作ることは可能ではないか、その責務がジャーナリズムにあるのではないかと私は自分の活動を通じて感じています。

金　ありがとうございました。私は、ＪＣＢＬ、ＪＶＣとは長くおつきあいをさせていただいていますが、内海さん、渡辺さんのお話を通じて、ジャーナリズムとアクティヴィズムの連携についての重要性を改めて感じました。現在の日本のメディアは、もはや権力や市場をウォッチする機能を既に失いつつある状態で、それどころか、もはや国や市場に組み込まれる方向に親和性を強めている状態です。しかしそれがワセダクロニクルの誕生の原点にもなりました。ワセダクロニクル渡辺編集長からも、今のお二人のお話を受けて、社会問題に関するアドボカシーや、政策提言、世論喚起について、メディアとのリンクや、それに対して大学が、アカデミズムがどうサポートしていけるのか、という三者の連結点について、お話を伺えればと思います。

❖足場をどこに置くか

渡辺周　お二人とも優しくて、メディアに対しても控えめなコメントでしたが、僕がＮＧＯ・ＮＰＯを取材していてよく聞く苦情は、まず、マスメディアというものは、事件が起きたらコメントだけ取りに来て、その後は二度と来ない、自分たちで調べることもしない、という批判です。しかし、ＮＧＯ・ＮＰＯも、自分たちの発信を記事にしてほしいので、苦情は言わずに我慢している、というところです。僕も、新聞記者時代は、そのような光景を目の当たりにしてきました。

そういう記者は、最初にもう文章を作っておいて、コメント欄だけ開けておくんですね。で、この空欄はどこからコメント取る？　あそこのＮＰＯでいいんじゃん？　というような感じでコメントだけ取りに来る。非常に失礼な取材のやり方がよくありました。僕はしていなかったですよ。しかし、現在、ＮＧＯ・ＮＰＯは非常に実力をつけていますし、情報量も人脈も十分に持っている。ですから別にもうメディアを頼らなくてもよいのでは、という気がしますね。

ワセダクロニクルを始めて半年ですが、スタッフには、学生も含めて、医師や、銀座のバーの経営者など、ジャーナリストでない人たちも多く取材チームにいます。しかし、探査ジャーナリズムのノウハウをきちんと教えたら、十分ちゃんとできるようになるのです。これまでは、探査ジャーナリズムというのは、プロのジャーナリストでなければできない仕事だと思っていたのですが、例えば、情報公開の手法に関しても、このような情報を取りたいのなら、このようなアプローチをすると良い、というようにしっかり伝えれば、十分できるようになるのです。それは身をもって感じています。

ですからNGOの人たちとも、最初の情報公開では真っ黒な書類が出てきたとしても、次には真っ黒にはさせない、少しずつでも情報を出させるために、どのような交渉をしていけばよいのかなどのノウハウを共有していければ良いと思います。

とはいえ、重要な情報、権力の中枢から秘密の情報を得るような過程もあるし、実際に探査ジャーナリズムが始まると、相手と裁判沙汰になるというような闘いもあります。そのようなときに、どう対処していくか、また危険な目に遭うかもしれないところにどう入り込むか、ということは、やはりジャーナリストの仕事だと思います。

先ほど、「足場」という言葉が出てきていて、非常に共感したのですが、ジャーナリストにとってもやはり「足場」をどこに置くかは非常に重要なのだと、朝日新聞社時代に僕も痛感してきました。

新聞社で「調査報道チーム」に来る記者というのは、ある程度他のところでキャリアを積んでからやってくる人がほとんどです。ここで言われる「足場」とは例えば、大きな役所や警察の記者クラブなどに所属して作るネットワークのことです。僕もその「足場」を作ってから、「調査報道を手がけるのが良い」とさんざん言われたのですが、全部断りました（笑）。多くはそのタイプで、外務省の記者クラブをずっとやっていて、そのツテやネタを使って「調査報道をします」という人たちです。そのパターンが本当に多かった。特報部には、社会部や政治部など、各記者クラブのエースが集まってくる、というわけです。

しかし実際には、そんな「足場」なんて探査ジャーナリズムにはほとんど必要ないんですね。特報部にはわずかですが「野良犬枠」というのもあって、しかし案外とその野良犬が良い仕事をするんです。「野良犬」はどこに足場を置くかというと、全然違うところに置くんですね、例えばNGO・NPOもそのひとつです。外部に足場を作って、様々な人と出会っていけば、記者クラブに所属しなくても、どんどん情報にくい込んでいける。軸足を外に置いて、政府や企業の中に浸透していくケースです。

例えば、足場を外に置いて情報を得て、製薬会社の取材をしてスクープを出した。それを受けて、厚労大臣の記者会見が明日ある、となったら、実はその時点で、大臣が明日何を言うかのQ＆A集はもうできあがっているはずなんですね。そしてネットワークがあればそれは記者クラブに入っていなくても手に入る。足場を外に置いても、どんどん中に入っていけるのです。そのようなノウハウをNGO・NPOとも共有しながら、ここから先はジャーナリストの立場で、我々がやります、ここの情報はNGOから現地の声を、というように、連携していけば、かなり良い感じでまわっていくのではないかと思っています。

❖ジャーナリストとNGOは8割が同じ

金　私は早稲田大学で「ジャーナリズム概論[*28]」という授業を、花田達朗先生、野中章弘先生と一緒に担当しているのですが、そこでNGO・NPOなど、市民社会を軸においた講義を行ったことがあります。しかし、授業の後に寄せられた学生たちのコメントを読んでいると、彼らの多くはその分野についてほとんど知らないのですね。非常に、情報や関心が分断されていると感じました。

　本日のシンポジウムは、私がかねてからやりたかったテーマを主題にすることができて非常に嬉しく感じていますが、その根本にある考え方は、ジャーナリズムもアクティヴィズムも、8割方は一緒なのだということです。残りの2割が、筆になるか、政策提言になるかということです。志の8割は同じだということです。しかし、大学においてはどこも各論に展開されすぎているという問題点があります。

　なぜこの話を出したかというと、実はJVCやJCBLはNGOの中でもかなり成功している団体であるということです。きちんと日本のNGOとして名前を出して、具体的な成果を出しているということです。しかし多くの市民団体、任意団体、法人団体について考えてみると、多くの団体は、私たちの活動がメディアで紹介されました、ということだけで自己満足してしまっているところ

も多い。このような現状も真摯に踏まえながら、今後、どのように連携していけば良いかを、大学、ＮＧＯ、そしてジャーナリストと共に考えていきたい。

　また、日本のジャーナリズムは、どうしても国内の問題に着目してしまうようなところがあり、人材教育も国内の問題に寄ってしまっています。海外で活動しておられる内海さん、渡辺さんのような、国際感覚をどのように育めばよいのかということについて、もう一度、ワセダクロニクルの渡辺編集長に、海外現場での取材力についてお話を伺いたい。また、今日をご縁にして、ＪＶＣ、ＪＣＢＬのみなさんと、どのような具体的なコラボレーションの可能性があるかについても、伺いたいと思います。

❖ＮＧＯとの連携はすでに始まっている

渡辺周　現在我々はすでに発表された「買われた記事」*29以外にも、さまざまな取材を並行して行っています。その中には海外の案件もあります。なぜかといえば、企業の不正にせよ、環境の問題にせよ、起こっている問題は、日本の中だけでは収まらない問題なのです。グローバル企業は、世界全体を見渡して、それぞれの国の中で、一番規制が緩い、弱いところを狙ってやってくる。そんな状況の中で、日本の記者だからといって、日本だけで取材しているのではとてもついていけません。

　そういった意味では、ＮＧＯ・ＮＰＯとどのように連携していくかは非常に重要です。我々は、複数の国にまたがるテーマについて、ＮＧＯと連携した取材を既に始めています。ＮＧＯはさまざまな国に支部を持っているところも多いですし、そこと繋がれば、世界的な情報網にもなる。その中で情報を的確に集めて、報道対象となる企業や政府の情報を集めていくようなことが今後はできるはずです。

　これまでの大手メディアの海外取材では、海外の支局には、スタッフが多い大都市は別として、たいていの場合、ジャカルタならジャカルタ支局長が一人とか、多くてスタッフが数人のところがほとんどです。そうすると、現地の新聞で情報を得て、このように現地の新聞は報じている、という記事を書くしかない場合もあります。情報の収集力は弱いと思います。そういった意味で、NGO・NPOとの連携するスタイルは、非常に時代にマッチしているし、我々が加盟しているGIJN（世界探査ジャーナリズムネットワーク）のようなジャーナリズム組織のネットワークと協力し、問題提起の発信も同時に行うような、そういうコラボレーションができると思います。

金　内海さん、渡辺直子さんのほうからは、今後、連携したい新しいイシューや、ジャーナリズムと協力が必要な問題などはあるでしょうか。このような現場に一緒に取材したいなど、大手メディアではできないより深く掘り下げていくような調査、裏を取っていく探査ジャーナリズ活動の特徴を活かして、ジャーナリズムが連携、もしくは提供できるものがあるならばぜひお聞かせください。

内海　今これを、というのはすぐ思いつきませんが、過去の例として、先ほどお話ししたクラスター爆弾製造企業に対する投融資禁止キャンペーンの記者会見の際に、国内でクラスター爆弾製造企業に投融資する国内4社（三井住友フィナンシャルグループ、三菱UFJフィナンシャルグループ、オリックス、第一生命保険）に私たちNGOとしてもコメントを求めたのですが、やはり我々は日本ではまだ存在感が薄く認知されていないこともあって、企業は私たちの質問には無回答でした。しかし、TBSのニュース番組や報道ステーションなどが連絡すると、きちんとコメントを出すのですね。

そのように、それぞれが強い場面において、協力していくことができればと考えます。私たちは、地道にコツコツ調べることはできますが、情報を広く拡散する、大きな企業とアクセスするというようなところが弱い。けれども、それができれば、私たちの情報の力はより強められると感じました。

これまでのキャンペーンをやってきて感じることは、何よりも強いのは正しい情報だということです。感情に訴えて、「気の毒だから、かわいそうだから助けてあげましょう」では、この活動はやはり続かないし現実も動かない。しかし、社会で実際にどのくらいの被害が起きていて、日本の私たちもそれにどのくらい関与しているのかというようなデータを示すことができれば、非常に分かりやすく、伝えることができます。
　その調査力については、弱小のＮＧＯだけでやるのはなかなか不十分で、メディアの力は必要だと痛感します。また、アカデミズムも非常に重要な役割を果たします。研究者は、調査において、それをビジネスに変える必要もないですから、とことんその問題を追うことができるし、いわば「正論」を言うことができるからです。このような不正はおかしい、こうあるべきです、と強く断言できるのは、研究者の方たちの研究成果があってこその強みです。私たちの活動でもその成果を多く使わせて頂きました。

金　ＪＶＣの渡辺さんにおたずねします。先ほど、モザンビークのプロサバンナ事業の農業開発計画において、例えば、栽培される大豆が、自給率の低い日本に輸入されるためのものではないか、もしくは遺伝子組み換え大豆なのではないかというような、日本の食の問題、もしくは日本の「国益」にからむものではないかと疑います。そのような、一歩先、二歩先の、少しひねった形での視点の探査ジャーナリズムは可能でしょうか。逆に裏が取りにくいのでしょうか。

❖日本人のためだったＯＤＡ

渡辺直子　先ほどは時間の関係もあって、その点に触れなかったのですが、実は、プロサバンナ事業はまさにそこから出発しているのです。２０１０年に、ＪＩＣＡの機関誌『JICA's World』に「途上国の農業開発なしに維持できない日本人の食生活」という特集記事がありました。[*30] その中で、プロサバンナ事業が謳われており、モザンビークで生産した大豆を、日本に輸入するという計画が謳われていました。また、２０１３年の4月までは、東京や現場で、伊藤忠等の商社がＪＩＣＡと共に投資セミナーなどを行っていたのです。つまり、モザンビークで大豆を生産すれば、我々日本の企業がそれを購入しますよ、ということでさまざまな大豆製品の宣伝と共に紹介し、モザンビークへのアグリビジネスの進出を促進していたのです。私も実際に一度参加しました。しかしそれ以前の過去のセミナー等については公文書を入手してようやく明らかになりました。[*31] これにはかなり苦労しました。
　ところが、我々がプロサバンナ事業に対する活動を始めてしばらく、２０１３年度半ば以降は企業の方々もリスクを察知したのか、なりを潜めてしまっています。実際に、日本企業によるプロサバンナ事業対象地の土地取得の動きもあったのですがこれも消えました。しかしこうした現象はモグラ叩きのようなもので、モザンビークでやられていなくても、代わりにどこか別の地域で行われています。モザンビークから消えた企業のひとつはタンザニアで土地取得したと聞いていますし、商社はブラジルに戻りつつあります。こうした情報はバラバラと得られるか、あるいは現場から届きます。が、本来まとめて追いたいという思いはあります。また企業の情報を得ることのむずかしさもあります。

しかし、我々には限界があり、それらを全て追っていくことは非常に難しいです。調査・研究・発信を専門性を持って迅速に行うことができれば良いのですが、他にも様々な活動や雑務もあり、資金も不足するなか、現場で起きていることを知っていてもタイミング良く動くこともできないのです。

ですから、こちらからは現場で得たネタを提供し、一方で企業について様々な情報をもっていたり、それを得るにはここに当たるほうが早いといったノウハウをもつジャーナリストと連携できたら我々にとっては非常にありがたいことです。「良いタイミングで素早く動く」ということは、NGOにとっては難しいことなのです。

❖ファクト重視で冷静に

金　もうひとつ、私の前説でも、怒りを感じない若者についての話をしましたが、逆に、探査ジャーナリズムや政策提言の現場においては、あまり怒りすぎている姿を、NGOやジャーナリストが見せすぎると、逆に一般の人々との乖離現象が深刻になってしまうのではないかと感じています。真実を伝えるという重要なミッションであっても、感情があまり激しすぎると、なんかあの人たち怒っているし、難しいことを言っているし、自分とは違うなあと距離感を広げてしまうことにもなりかねません。その距離感について、成功例と失敗例を教えてください。

渡辺周　その点は、ジャーナリストであれば一番最初に教わるところですね。つまり、自分にいくらそういう気持ちがあっても、文章を書いているときは、自分が怒ったり笑ったりしてはダメだ、ということです。それは基本の「キ」ですね。

例えば、さきほど「買われた記事」に関する取材の映像も見て頂きましたが、ご覧になってわかるように、取材相手に対して「おまえ、何を考えているんだ‼」というように、怒鳴ったりはしていない。非常に抑制した口調で接しています。記事にするときもそうです。我々は、編集会議の時には、激しいことを言ったり、罵声が飛んで口汚くなるようなこともありますが、記事においては非常に抑制しています。

とにかく我々はファクト勝負なので、それで十分なのです。逆に新聞記事などで、「閑静な住宅街に衝撃が走った」などと、やたら激しい表現が使われているときは、ファクトが弱い場合が多い。ファクトが弱いほど、ごまかしのために表現がきつくなるのだと思います。

金　ＪＶＣもＪＣＢＬも、活動費は、省庁などから得る補助金や助成金、寄付などで賄っているわけですが、自己資金で言いたいこと、書きたいことを好きにできるのなら良いけれども、ＪＩＣＡにしろ外務省、防衛省にしろ、向き合って関係を続けていかなくてはならない人たちと、どのくらい激しくやりあったり言い合ったりするのでしょうか。政策協議においても、そのような距離感の取り方について、印象に残っていることを教えてください。

渡辺直子　ＯＤＡの事業に関しては、外務省と我々ＮＧＯとの定期協議会が行われています。加えてプロサバンナ事業については特化した意見交換会があり、外務省・ＪＩＣＡとＮＧＯの話し合いの場が枠としてきちんと用意されています。この会議でのやりとりはうんざりするほど「のれんに腕押し状態」で、多少感情的になることはありますが、どんなときも必ずファクトベースで話すということは重要視しています。なぜ今この話をして、どこに根拠があるのかをきちんとファクトで示しておく。それが少しずつ蓄積されていきます。プロサバンナ事業は、元々は２０１３年にはマスタープランができる計画でしたが、これまでの活動により、現在に至るまでマスタープランが完成されていません。そのうえ異議申し立てにより事業は中断されており、活動に一定の影響力はあったと考えています。

❖省庁への質疑・交渉

内海　クラスター爆弾禁止条約を作ったときには、日本も、保有国、製造国でしたので、その管轄は防衛省でした。また、条約を作るに当たっては、外務省が交渉先でした。どちらの省庁も、それぞれじっくり面談をして話し合いを続けてきましたし、基本的に、省庁の役人の人たちに、我々が面談を申し込んで、会ってもらえないということはありません。でも、会って、要望を伝えて、「無回答」も含めて返答を受けるということの繰り返しで、実際にはこれも「のれんに腕押し」状態が続いて全然動きが起こらないこともありました。そのときは、国会議員に力をかけてもらうということもしました。

議員の方たちは、省庁に質問ができますし、それに対して省庁は翌日までに返事をします。その返事が曖昧なものであれば、私たちは怒れなくても、議員の方がきちんと怒ってくれる。そのような役割分担のために、私たちは、議員の方たちが、省庁に質問するために必要な情報を全部提供します。そのように進めていくと、結果的には聞きたい答えを得ることができるという例も多くありました。

また、実際に条約ができたときに、防衛省では、日本の防衛上、南北に長い日本の海岸線を守るためにもクラスター爆弾が必要だというようなことを言っていたのですが[*32]、私たちはあえて、専門的ではない、一般的な、素人的な疑問を投げかけました。「こんなに世界で被害が起きて、こんなに子どもたちが不発弾で傷ついているようなものを、日本海の海岸線に撒いたらどうなんですか?」と。

そうすると、そんな素人のような質問を防衛省の方々は受けたことがないので、逆に反応があるのですね。その後、条約が批准されることになったときには、もう、防衛省も「日本の安全保障上必要」というような物言いは一切言わなくなりましたね。逆にこちらのほうから「日本の防衛上は大丈夫なのですか?」と問いたくなるほどです(笑)。

金　質問上手になるということが、本質的な問題に繋がるということですね。さて、ここで会場から質問を募集したいと思います。本日も、大学関係者や市民運動関係者、メディア関係者、NGO関係者、市民、学生、いろんな人に来ていただいていると思います。いままでの話で、何か質問したい人いらっしゃいますか。

❖海外取材の注意点

質問者A　高校生3年の生徒です。ジャーナリズムに関して、質問させてください。海外の現場への取材というのはすごく大変で、現地の方々に反発を受けることもあると聞いたことがあります。私たちがどうしても西欧的な視点で現地の方たちを見てしまうことで、そのような目で見ないで欲しいというような反発を受けたと、他のNPOで伺ったことがあります。海外での取材活動で、気をつけたほうが良いと思うことがあれば教えてください。渡辺編集長にお聞きしたいです。

渡辺周　基本的には人間同士、ということをまず大事にすれば良いと思います。外国での取材もそうですし、自分のなじみのない集団の取材についても同じです。基本、人間同士なので、ごはんを食べるとか、飲みに行くということをしておくとだいたい大丈夫です。いきなり仕事の話をせず、「あなたの家族はどんな人なんですか」など、共通に話せる話題を振って、人間同士のつきあいをまずしていけば、なんとかなるものです。

後輩の優秀な記者を見ていても、やはりそのへんでスッとうまくコミュニケーションをとれる人が多い。ある事件の取材で現地に入っても、取材が下手な記者は、いきなり地元のお店で「近くでこんな事件があったのですが」というようにいきなり質問してしまう。良い記者は、さらっと買い物をしながら、ついでのような顔をして、「そういえばこないだ事件がありましたよね」というように相手を安心させてから話を聞こうとします。あとは、相手に話させようとばかりするのではなく、自分がこういう人間です、ということを発信して、心を開いてもらうということも大事です。

ですから、この文化を持っている国や社会にいったらこれはしてはいけない、というように、理屈から入らずに、まずは人間同士で話してみることが大事ですし、所詮みんな人間ですから、だいたいそれで大丈夫ですよ。

❖ボランティアの魅力を伝えるような報道を

質問者B　高校3年生です。日本の若者の社会参画、ボランティアに興味あって調べています。日本の社会参画の情報の開示について。NGO・NPOなどの活動について、メディアや政府が、ボランティア活動を推進させようとしていると思うのですが、こういう人助けができますよ、こういう貢献ができますよ、という情報発信で終わっている気がしています。ボランティア活動として、参加する私たちが学べることも多くあると思うのですが、それらが謳われていないことがもったいないと思っています。若者がボランティアをやりたいなと思うように、ジャーナリズムのニュース組織やNGO・NPOがもっと働きかけていってくれたら、と思うのですがいかがでしょう。

金　場合によってはインターンシップやボランティアの関係にもつながることですね。

渡辺直子　私たちの組織にも、インターンやボランティアさんが多く参加しています。スタッフだけでは活動が成り立たないのです。ちなみに、私自身に関しては、お給料がもらいたいから働くというよりは、自分の生き方として、自分が一番大事だと思っていることに、一番長く自分の時間を使いたいという思いがあり、そのような生き方の道として、NGOがありました。ですので、ボランティアであってもインターンであっても、それは活動に関わる形態が違うだけであって、それぞれが役割分担をしながら活動が維持されているのだと考えています。

そのような状況で、やはり若い人たちが参加してくださると私たちも刺激を貰えるし、元気になります。新しい視点も得ることができます。身につまされる話ですが、NGOは、自分たちで利益を生み出さないので、様々な助成金や寄付で活動を成り立たせています。その寄付をして下さる方たちの多くは、高齢の方たちが大半になってきています。それ自体が悪いわけではないですが、次の世代にどう関わってもらうか、どうアプローチするかは大きな課題になっています。そういった意味でも、若い世代のボランティアやインターンの方たちから、意見を聞けることはとても重要です。

ただ、「ボランティア」を通じて学べるというポイントをアピールすべきだという点に関してですが、私たちの団体名、「日本国際ボランティアセンター」の「ボランティア」は、「自発的に」という意味で使っています。つまり、自発的に、自ら、何か社会のために動きたい人が集まったことから、この名称がついているのです。

ですから、我々の団体は、ここに来たらこんなことが学べますよ、ということはあまり考えていないです。[33] 参加してくださる人に何か直接的に還元するというよりは、自分で何かしたいと思っている人を受け容れる場でありたいと思っていますし、そういう場を提供しているつもりです。そのために、例えば今日のようなシンポジウムに参加して、何かしたいがどう動いていいかわからない人などが、次のステップを考えられるような集まりの場を「ボランティアチーム」として設けています。例えば、タイに関心がある人による「タイチーム」がタイ料理を食べたり、アフリカ好きな「アフリカチーム」がケニアの映画を見たり、アフリカに関する勉強会を開催したりといった形で、少しずつその国のことを知って、自分なりに関わり、行動する方法を考えられるような場をもっています。そのことが社会を変えることにつながると思うからです。とはいえ、今日のご質問で、若い人へのアプローチについてはもっと考えていきたいと思いました。ありがとうございました。

❖人々の価値観を変え、お金の流れを変える

質問者C　金融機関に勤めています。元々はＮＰＯに就職したいという気持ちがあったのですが、社会とアカデミズム、アクティヴィストたちとの分断が気になっていたので、まずは、収益を追究するような集団に入ってみようと、金融機関に就職しました。社会問題に意識を向けるところまで、まだ金融機関は及んでいない状況だと思っていて、それは問題だと思っています。

金融機関に勤めていて感じるのは、お金というものは、人々が必要だと思うところに流れていくものだということです。

現状では、公正さよりも、モザンビークの開発などにどんどんお金がつぎ込まれるような状況になっています。しかし、実際、収益を追究する集団の中にいると、やはり日々の生活が大事だし、自分が買ったもので誰かが困っているということに関して、皆あまり意識がありません。

ですから、そのような分野にお金が流れるようにするためには、人々の価値観を変えていく必要があると思います。

例えば正義ということそのものに、人々が価値を置くようになれば、そこにお金が流れていくと思いますし、霞ヶ関と闘う、大手企業と闘う、というような「ＶＳ」の構造よりも、利益を生み出すという良い方向に、さまざまな世の中の価値観を変えていくということ。つまり、平和とかジャーナリズムに価値が置かれるようになれば、それがマーケットとして価値があると思われる世の中になれば、

人々はそこにお金を使うようになると思うのです。そんな社会構造にならないかなと思っているようなところがあります。

ですので、NGO・NPOで活動されているみなさんと、ジャーナリズムの方々、また大企業で働いていて意志決定する立場にある人たちが協力して、そのようなところに社会の流れを持っていくことができないだろうか、平和や幸せに関する考え方の市場価値を上げることはできないかと考えています。そのことについて、現場でお仕事されている方にお話いただければと思います。

金　この質問は、特に大学関係者が一番反省しなくてはならない、頑張らなくてはならない部分だと思いますので、その点も含めて考えていければ。

内海　おっしゃるように、基本的には、ほとんどの人が、何か悪いことをしたくて、悪いことに荷担したくて会社に勤めているわけではありませんね。ただ、現在の資本主義社会で、会社が目指していることはやはり、お金を儲けることです。お金を儲けること自体が悪いわけではありませんが、その目的を懸命にやっているうちに、見落とされてしまう問題の中には、実は非常に深刻な人権侵害や、社会の悪を助長するようなことがある。それに気がつかないままでいるということは実際にあることだと思いますので、私たちとしては、そこでちゃんと声を上げていくこと、ひとりひとりがそれを少しでも広めて頂くことが、まず大事だと考えています。

オルタナティブなアイディアを広げて行く手段として、メディアにも協力して頂きたいし、今流行っている事象だけではないところにも、注目する記事を発信していってほしい。そのような行動を重ねながら、社会を良くしていくことが重要です。ワセダクロニクルには大きな期待をしています。メディアが、やるべきことをやっているか、そして、やるべきでないことをやっていないか、という視点は、私たちNGOでも同じことです。

私たちが、今日のような場でお話すると、必ず聞かれる質問は「私にできることは何でしょうか」というものです。これに関する答えは、少し冷たいようですが、「私にはあなたができることが何であるかはわかりません。あなたがどういう人で、何が得意で、どのくらいお金があって、どのくらい知識があるかは私にはわからない。ですから、何ができるかは、ご自分で考えてください。ただ、考え方のヒントとして、私たちは『何をすべきで何をすべきではないか』という視点を持つことが、ものを考えるための大きな助けになります」とお伝えしています。そのようにして、それぞれの持ち場でお互いが自分たちの場所を良くしていくことが、重要ではないかと思っています。

金　最後のセッションをこれで終わります。私たちワセダクロニクルは、2017年2月1日に創刊記念記事として「買われた記事」を配信し、それにあわせて、クラウドファンディングで皆様の寄付を募りました。おかげさまでたくさんの支援をいただき、5月31日までの間に目標金額を達成することが出来ました。ありがとうございました。

（追記）（JVC）の渡辺直子氏（本書収録のパネリスト）が、同年8月10日付でモザンビーク政府からビザの発行を止められ、入国を拒否された。TICADの歴史において、市民社会メンバーの入国が拒否され、参加できなくなるのは初めてとなる異例の事態だ。日本のNGOはモザンビーク政府に対して、ビザの発給を求め、またTICAD主催国としての責務において日本の外務省への対応を求めているが、結局、渡辺氏のビザは発給されないまま同閣僚会合は終了した。渡辺氏らは8月下旬からChange.org にてビザ不発給撤回を求める署名活動 http://bit.ly/2v4lP8U を展開し、署名は4400通超が集まった。9月21日には外務省経由で、モザンビーク在日大使館から「未来永劫入国査証を発給しないのビザを発給しなかった理由についてはモザンビーク政府側は「開示しない」」という。渡辺氏らは、翌22日に東京都内で「いま世界・アフリカで何が？　日本 NGO のモザンビーク入国拒否問題から考える」と題した市民向けのイベントも開催した。引き続きビザ発給拒否の撤回と再発防止を外務省とモザンビーク政府に求めている。（2017年9月26日現在）

（注）

（1）**地雷廃絶キャンペーン（JCBL）**　人道的な立場から対人地雷とクラスター爆弾の廃絶を訴えるNGO。1997年7月に任意団体として設立し、2009年12月に特定非営利活動法人の認証を受ける。ICBL‐CMCは、1997年にノーベル平和賞を受賞した「地雷禁止国際キャンペーン（International Campaign to Ban Landmines: ICBL）」と「第2の地雷」と言われるクラスター爆弾の廃絶をめざすNGOネットワーク「クラスター兵器連合（Cluster Munition Coalition: CMC）」が2011年に統合して発足。そのICBL‐CMCの日本の構成団体として活動している。（出典）JCBLウェブページ（2017年8月16日取得、http://www.jcbl-ngo.org/aboutjcbl/jcblinfo/）。

（2）**対人地雷禁止条約（オタワ条約）**　正式名称は「対人地雷の使用、貯蔵、生産及び移譲の禁止並びに廃棄に関する条約」。

1999年3月1日に発効。2017年8月末現在で162カ国が締結。日本は98年に締結。（出典）外務省ウェブページ「対人地雷禁止条約・対人地雷問題」（2017年8月16日取得、http://www.mofa.go.jp/mofaj/gaiko/arms/mine/）。

（3）**クラスター爆弾**　福田（2007）によると、「砲弾型のケースの中に多数の小弾を搭載した弾薬。クラスター弾は目標上空で子弾を広範囲に散布するため、一度の攻撃で広い範囲（多数の目標）を攻撃することができる。しかし、クラスター弾は、その攻撃範囲の広さや不発となる子弾の数の多さから、民間人に与える被害も大きい。クラスター弾には、航空機から投下されるものと、榴弾砲やロケット砲等から発射されるものの2種類がある。クラスター弾が開発されたのは第二次世界大戦時であるが、その技術が大きく発展したのは、ベトナム戦争においてであった。2007年現在、少なくとも、クラスター弾の製造国は34ヶ国、保有国は75ヶ国に上る」という。（出典）福田毅、2007「クラスター弾の軍事的有用性と問題点――兵器の性能、過去の使用例、自衛隊による運用シナリオ」『レファレンス』国立国会図書館ウェブページ、2007年9月号：151-173、（2017年8月16日取得、http://www.ndl.go.jp/jp/diet/publication/refer/200709_680/068008.pdf）。

（4）ICBL-CMCの報告書（2016）によると、「2010年から2015年で、属性がわかっているすべてのクラスター爆弾犠牲者のうち大多数（94%）が市民だった（From 2010-2015, civilians were the vast majority（94%）of all cluster munition casualties where the status was recorded）」という。（出典）ICBL-CMCウェブページ「Cluster Munition Monitor Report 2016」（2017年8月17日取得、https://goo.gl/F175Vu）。

（5）清水俊弘、2008『クラスター爆弾なんてもういらない』合同出版。

（6）2008年12月の署名式には中曽根弘文外務大臣が出席して署名。外務省によると、2009年2月現在で、署名国は95か国、締約国は4か国。G8のうち、日本、カナダ、フランス、ドイツ、イタリア、英が署名済み。クラスター弾の主要な生産・保有国に含まれる米国、ロシア、中国、韓国などは未署名だった。（出典）外務省ウェブページ「『クラスター弾に関する条約』について」（2017年8月16日取得、http://www.mofa.go.jp/mofaj/gaiko/treaty/shomei_37_gai.html）。

（7）**PAX, 2017, "Worldwide investments in CLUSTER MUNITIONS a shared responsibility"** およびPAXウェブページ、（2017年8月16日取得、https://www.paxforpeace.nl/publications/all-publications/worldwide-investments-in-cluster-munitions-a-shared-responsibility-2017）。PAXはオランダの国際NGOで、2006年にIKV（Interchurch Peace Council）と

Pax Christi の二つの組織が統合して IKV Pax Christi として活動していたが、２０１４年１月から団体名をＰＡＸに変更した。（出典）ＰＡＸウェブページ（２０１７年８月16日取得、axforpeace.nl/about-us）。

（８）China Aerospace Science and Industry（中国）、Norinco（中国）、Hanwha（韓国）、Poongsan（韓国）、Orbital ATK（米国）、Textron（米国）

（９）投融資額は、三菱ＵＦＪフィナンシャル・グループ（9億１４００万ドル）▽三井住友フィナンシャルグループ（6億６００万ドル）▽オリックス（３億５４００万ドル）▽第一生命（４０００万ドル）。（出典）毎日新聞ウェブページ「クラスター爆弾　日本4社が投融資　ＮＧＯ報告書」、２０１７年５月27日、（２０１７年８月16日取得、https://mainichi.jp/articles/20170528/k00/00m/040/106000c）。

（10）米企業テキストロン社の株式をＧＰＩＦが２０１５年度末時点で約１９２万株を保有。（出典）朝日新聞ウェブページ「ＧＰＩＦ、クラスター爆弾製造の米企業の株保有」、２０１７年４月７日、（２０１７年８月16日取得、http://www.asahi.com/articles/ASK4741M5K47UTFK00B.html）。

（11）「クラスター弾等の製造の禁止及び所持の規制等に関する法律（法律第85号）」、２００９年、衆議院ウェブページ（２０１７年８月16日取得、http://www.shugiin.go.jp/internet/itdb_housei.nsf/html/housei/17120090717085.htm）。

（12）**Stop Explosive Investment, 2017, 'key Findings', "Worldwide Investments in Cluster Munitions: a shared responsibility", Stop Explosive Investment** ウェブページ、（２０１７年８月17日取得、http://www.stopexplosiveinvestments.org/）。

（13）明確に禁止している国は、ベルギー、アイルランド、イタリア、ルクセンブルグ、オランダ、ニュージーランド、サモア、スペイン、スイス、リヒテンシュタインの10カ国（２０１７年８月15日現在）。（出典）前掲（12）。

（14）**日本国際ボランティアセンター**　略称はＪＶＣ（Japan International Volunteer Center）。日本のＮＧＯ活動の草分け的存在。インドシナ難民の救援を機に１９８０年に設立。２０１４年に認定ＮＰＯ法人に認定。アジア・アフリカ・中東、東日本大震災被災地で支援活動をしている。活動の柱は、農業の研修などを通して農村の暮らしを支える「地域開発」、紛争地での医療支援などを通して人々の命を守る「人道支援」、現場の声をもとに政府や国際社会に働きかける「政策提言」。朝日社会福祉賞（１９８９年）、毎日国際交流賞（１９９２年）、日本平和学会平和賞（２０１５年）などを受賞している。（出典）日本国際ボランティアセンター（ＪＶＣ）ウェブページ（２０１７年８月16日取得、http://www.ngo-jvc.net/jp/aboutjvc/readme1st.html）。

（15）**モザンビーク**　１９７５年６月25日に独立。日本政府は、１９９３年５月から１９９５年１月までＰＫＯ（国連平和維持活動）に自衛隊を派遣。１９９４年の大統領選挙選挙では民間人11人を含む計15人の選挙監視要員も派遣した。（出典）外務省ウェブページ（２０１７年８月16日取得、http://www.mofa.go.jp/mofaj/area/mozambique/index.html）、内閣府国際平和協力本部事務局（ＰＫＯ）ウェブページ（同、http://www.pko.go.jp/pko_j/result/mozan/mozan02.html）。

（16）**プロサバンナ事業**　正式名「日本・ブラジル・モザンビーク三角協力による熱帯サバンナ農業開発プログラム」。この計画に関する調査や政策提言などは日本国際ボランティアセンター（ＪＶＣ）のウェブページに掲載している。ＵＲＬは以下の通り。http://www.ngo-jvc.net/jp/projects/advocacy/prosavana-jbm.html

（17）**人間開発指数（ＨＤＩ）**　「保健」「教育」「所得」という人間開発の三つの側面に関して、ある国における平均達成度を測るための指標。１９９０年に創刊された『人間開発報告書』で、各国の開発を純粋に経済的に評価する従来の方法に対峙する総合指標として導入されたという。（出典）国連開発計画（ＵＮＤＰ）駐日代表事務所ウェブページ（２０１７年８月16日取得、http://www.jp.undp.org/content/tokyo/ja/home/library/human_development/human_development1/hdr_2011/QA_HDR1.html）。

（18）**モザンビークのＨＤＩ**　国連開発計画（ＵＮＤＰ）の「Human Development Report 2016」（199-200頁）では、モザンビークは１８８カ国中で１８１位。（出典）国連開発計画（ＵＮＤＰ）ウェブページ（２０１７年８月16日取得、http://hdr.undp.org/sites/default/files/2016_human_development_report.pdf）。発言の数字は、同２０１３年度報告書による。

（19）**セラードの成功**　印鑰智哉、２０１２年、連続公開セミナー「食べものの危機を考える」講演会記録、船田クラーセンさやかブログ（２０１７年９月19日取得、http://afriqclass.exblog.jp/16942534/）。FASE（Federacao de Orgaos para Assistencia Social e Educacional）、２０１３年、「マトグロッソ州における深刻な2事例：大豆とサトウキビ生産（原題：Dois casos serios em Mato Grosso: a soja e a cana-de-acucar）」、issuuウェブページ（２０１７年９月19日取得、http://issuu.com/ongfase/docs/livro_completo_soja_cana_acucar_fas）。FASE、２０１４年、「アフリカにおけるブラジルの国際協力と投資ーモザンビークにおけるプロサバンナの事例（原題：Brazilian cooperation and investment in Africa: the case of ProSavana in Mozambique）」、FASEウェブページ（2017年９月19日取得、https://cmsdata.iucn.org/downloads/temti_ep_01_2014.pdf）。セルジオ・シュレシンガー（Sergio Schlesinger）、'Brazilian Corredor'、「モザンビーク開発を考える市民の会」ブログ（２０１７年９月19日取

得、http://mozambiquekaihatsu.blog.fc2.com/blog-entry-36.html)。

(20) **キャッサバ**　中南米原産のイモ類。アフリカ地域ではトウモロコシに次ぐ第2の主食。(出典) 稲泉博己、２０１２年、「世界のキャッサバの生産動向」、独立行政法人農畜産業振興機構、ウェブページ、(２０１７年８月16日取得、https://www.alic.go.jp/joho-d/joho08_000160.html)。井芹信之、２０１６年、「キャッサバの基礎の基礎が分かる：キャッサバＡＢＣ　第1版」、国際協力機構（ＪＩＣＡ）ウェブページ、(同、https://www.jica.go.jp/project///all_asia/005/materials/ku57pq000025s2lv-att/cassava_about.pdf)。

(21) 外務省、２０１３年、「第２回ProSAVANA事業に関するＮＧＯ・外務省意見交換会　議事要旨」、外務省ウェブページ（２０１７年９月19日取得、http://www.mofa.go.jp/mofaj/gaiko/oda/shimin/oda_ngo/taiwa/prosavana/prosavana_02.html)。要旨の中では「豊か」という発言に変えられている。

(22) https://www.farmlandgrab.org/

(23) farmlandgrab.org、2016、'ProSavana files' farmlandgrab.orgウエブサイト（２０１７年9月19日取得、https://www.farmlandgrab.org/post/view/26158-prosavana-files)。

(24) 国際協力機構（ＪＩＣＡ）、２０１７、「手続き開始通知」、ＪＩＣＡウェブページ、２０１７年８月28日取得、(https://www.jica.go.jp/environment/ku57pq0000205x3b-att/result_170517.pdf)。ＪＩＣＡ、２０１７年、「ナカラ回廊農業開発マスタープラン策定支援プロジェクト　異議申立手続きの進捗状況」、ＪＩＣＡウェブページ、(２０１７年８月16日取得、https://www.jica.go.jp/environment/present_condition_moz01.html)。

(25) 渡辺直子、2017、「アフリカ小農主体の国際共同調査研究：モザンビーク北部を中心事例として」、日本国際ボランティアセンター(JVC)ウエブページ（２０１７年9月19日取得、http://www.ngo-jvc.net/jp/projects/advocacy/20170727-prosavana.pdf)。ADECRU（Accao Academica para o Desenvolvimento das Comunidades Rurais)、２０１６年、「私たちは石炭？～ナカラ回廊開発と土地収奪・人権侵害」、ADECRUウェブページ（２０１７年9月19日取得、https://www.youtube.com/watch?v=xXDQjkXAmpY&feature=youtu.be)。

(26)「環境・持続社会」研究センター（JACSES)、２０１６年、「財務省・ＮＧＯ定期協議会」、JACSESウェブページ（２０１７年９月19日取得、http://www.jacses.org/sdap/mof/gijiroku61-70.htm)。

(27) 米国での**探査ジャーナリズム活動**の現状を約10分間のビデオにまとめたもの。米国市民の街頭インタビューなどを収録している。会場で上映された。近く公開予定。

(28) 早稲田大学の全学部の学生向けに設置された副専攻コースのうちの一つ。学部学生向けのジャーナリスト養成教育を目的に実施。早稲田大学ジャーナリズム研究所がそのコースおよびコア科目群を前身のジャーナリズム教育研究所から引き継ぎ、サポートし、運用している。(出典) 早稲田大学ジャーナリズム研究所ウェブページ (2017年8月16日取得、http://www.hanadataz.jp/w1/02/zen/zen.html)。

(29)「買われた記事」 ワセダクロニクルの創刊特集。電通、製薬会社、共同通信のカネの動きを暴露した。ワセダクロニクルのウェブページ (http://www.wasedachronicle.org/) で連絡を継続中 (2017年9月26日現在)。

(30) 記事の中で、本郷豊JICA国際協力客員専門員の次のような発言が紹介されている。「先進国が自分たちの力だけでグローバル・イシューを解決することはもはや不可能。力をつけた中進国とともに国際的なパートナーシップを組み、食料不安に苦しむ途上国の人々を支援し、併せて、世界全体の食料供給の安定といった『国際社会全体の利益』へとつなげていくことが必要だ」。記事は「世界規模の食料問題の解決に向けた3国 (日本・ブラジル・モザンビーク) の大いなる挑戦が始まろうとしている」と結んでいる。カッコ内は編者。(出典) 国際協力機構、2010、「途上国の農業開発なしに維持できない日本人の食生活」『JICA's World』、2010年5月号:14~15頁、(2017年8月16日取得、https://www.jica.go.jp/publication/j-world/1005/pdf/tokushu_04.pdf)。

(31) 渡辺直子、2015年、「農民主導の調査からわかったこと:ナカラ回廊農業開発・プロサバンナ事業を中心に」11頁~17頁、日本国際ボランティアセンター (JVC) ウェブページ (2017年9月19日取得、http://www.ngo-jvc.net/jp/projects/advocacy/data/20151207-frontier-of-africa-3.pdf)。

(32) 2009年5月8日の衆議院外務委員会では、「広域を制圧できるクラスター弾というものは極めて有効な装備」という自民党の木原稔委員に質問に対して、防衛省防衛政策局の高見澤將林局長は「非常に有効な兵器」「抑止力として非常に重要な機能を果たしてきた」と答えている。以下はその当時のやりとり。(出典) 衆議院外務委員会議事録。

木原委員 おはようございます。自由民主党の木原稔でございます。本日は、三本の条約について順次質問をさせていただきます。まず、クラスター弾に関する条約について始めたいと思いますが、これまでに世界じゅうで使用されていたクラスター弾及びその不発弾というものが、世界各地で一般市民に与えてきた被害、これは甚大なものであるという認識を私はしております。そのことは大前提とした上で質問をさせていただきますが、もともと武器というものは、殺傷能力が高いほど優秀なものであります。クラスター弾は、そういう意味でいうと極めて優秀な武器であるということが定義づけられます。しかしながら、特定の個体だけでなく、周辺の不特定の個体までも同時に破壊または殺傷してしまうというところから、さまざまな問題が起こっているのではないか、そのように考えるわけであります。我が国の防衛というのは、もう言うまでもなく、憲法九条に基づいて、専守防衛、これを国是としておりまして、防衛戦略によって我が国の防衛というものを担保しているわけであります。我が国は自衛隊の限られた戦力の中で、島国という極めて特異な環境の中、その海岸線を広域にわたってカバーしながら対処するということが求められております。幾ら兵器が近代化したとしても、地理的な条件というものは不変であります。そういった観点で、広域を制圧できるクラスター弾というものは極めて有効な装備でありました。上陸侵攻を担う敵にとってみれば、クラスター弾というのは大きな抑止力となり、日本にとっては、これまで十分にこれが機能していたのではないかな、そういうふうに分析ができるわけであります。こういった観点を踏まえますと、クラスター弾が我が国の安全保障においてこれまでに果たしてきた役割、意義というものはどのようなものであるか、これは防衛省に伺います。

高見澤政府参考人　お答えいたします。クラスター弾の意義につきましては、今先生御指摘のとおりでありまして、クラスター弾というのは、基本的には、密集の目標に対しても、移動中の目標に対しても、分散した目標に対しても、あるいは位置がよくわからない目標に対してもこれを攻撃することができるという意味で、非常に有効な兵器だというふうに思っております。ただ、私どもは、専守防衛という観点で、敵部隊が上がってきたような場合に、それを通常爆弾で撃破できないような形で、広範囲で、しかも迅速に対応できるということで、抑止力として非常に重要な機能を果たしてきたというふうに考えております。

木原委員　やはり、これまではクラスター弾というものが、我が国の防衛戦略上、大変これは意義のあるものだったという答えがございました。

(33) なお、学びの機会としては、インターンシップ制度を設けている。

Ⅳ．日本のジャーナリズムのパースペクティブ

——アジアプレス創設30年の経験から

シンポジウムの開催に寄せて

野中　章弘

❖独立系メディアとして理念を貫いてきた

私は早稲田大学でジャーナリスト教育を担当する教員で、ジャーナリズム研究所の副所長をしていますけれども、独立系ジャーナリストのネットワーク、アジアプレス・インターナショナルの代表も務めています。今日はこのシンポジウムと並行して、「アジアプレス・インターナショナル創設30年記念イベント」を早稲田小劇場「どらま館」で行っています。

この場では「日本のジャーナリズムのパースペクティブ——アジアプレス創設30周年をむかえて」というテーマで少し話をさせていただきます。アジアプレス30年の経験は、同じく独立系ジャーナリズム組織としてスタートしたばかりのワセダクロニクルにも参考にできると思います。ワセダクロニクルが、これからどのように課題を克服していくのか。今後のヴィジョンを含めて、お話したいと思います。

アジアプレスのメンバーはそれぞれ専門性を持っています。石丸次郎の朝鮮半島報道を始め、古居みずえのパレスチナ、綿井健陽のアフガニスタン、イラク、玉本英子の中東の紛争地からの現地レポートなど。また、ノンフィクションの分野では吉田敏浩の日米密約についてのルポや小倉清子のネパール政治の記録など、さまざまな分野で数多くのレポートを発表してきました。近年は刀川和也、直井里予、古居みずえ、綿井健陽、季丹、馮艶、安海龍などドキュメンタリー映画に取り組むメンバーも増えています。

30年は平たんな道のりではありませんでした。存立の危機にも幾度か直面しました。ただ、日本の独立系組織で、30年も続いたところはほとんどありません。存続できた理由はおもに三つあると思います。

まず第一に、アジアプレスはスタートしたときから理念とヴィジョンを掲げていたということです。最も大事な原

則は、「戦争と差別に反対する」ということです。設立当初、私はアジアプレスの理念として次のように書いていま す。「歴史の闇に流されていく、声なき声に耳を傾け、埋もれていく事実と人間の精神に光を当てる」。これが、時代の表現者としてアジアプレスが共有する理念です。

この理念は30年前も、今も、そして30年後も変わることはありません。

その理念を実現するために、このようにも書いていま す。「巨大メディアのジャーナリズム精神が衰退する中で、私たちは表現者として、いかなる資本にも従属せず、いかなる権力からも自由であろうという姿勢を貫いてきました」。その原則、精神を貫いてきたことは私たちの「誇り」です。

新しい試みを立ち上げる際に、最も大切なのは、理念とヴィジョンです。共に働く仲間はこれを共有できる人たちでなければなりません。利益を求めて来る人たちは、利益を計算できなくなると自然に離れていきます。その時々の時代の流れに合わせるというやり方も、一時的にはうまくいっているように見えるかもしれませんが、30年、50年、100年と貫く精神を持っていなければ、組織としては続きません。理念とヴィジョンを持ち続け、地道に一貫して続けること。それが重要です。

❖アジアプレスにしかできない報道

二つ目は、「make difference」ということ。自分にしかできない仕事をするという意味です。アジアプレスはAPN（アジアプレス・ネットワーク）というオンライン・メディアを運営していますが、基本的な仕事の場はテレビと新聞、雑誌など、既存のマスメディアです。テレビでは現地からの映像レポートやドキュメンタリーを発表しています。これまでテレビの仕事は、テレビ局本体か、外部の番組制作会社が担ってきました。番組制作会社というのは基本的にほとんど請負仕事です。ＮＨＫなどは、下請け、孫請け、というような関係の中で、番組制作会社と仕事をしています。

しかし、私たちはそういうやり方はしませんでした。自分にしかできない仕事とは何かを考え、下請け的な仕事は請け負ってこなかったのです。私たちはジャーナリストであって、単なるメディア産業の従事者ではないからです。

例えば、イラク戦争を取材するときに、どのような視点、切り口で報道したのか。世界中のメディアが集中して同じ戦争を取材するわけですけれども、他と同じようなことはやりません。イラク戦争で最も取材されなかったのは、イラクで暮らす人々の被害の実態です。イラク戦争が始まった２００３年3月20日の時点で、日本のマスメディアの記者はひとりもバクダッドにはいませんでした。それでは戦争の実相を伝えることはできません。アジアプレスのメンバーは米軍の空爆にさらされるバグダッドに留まりました。

他のメディア、ジャーナリストとは違う仕事をするということにこだわってきたのです。

❖開かれたジャーナリズム

三つ目は、「アジアプレス・インターナショナル」という名称の通り、国籍や民族を超えて繋がっていく、開かれた組織であろうと決めていたことです。設立当初から韓国、中国、フィリピン、タイ、インドネシア、インド、パキスタンなど、アジア各地のジャーナリストたちと一緒に働いていくという意志を持っていました。開かれた組織は私たちの陥りがちな一国主義的な物の見方、ドメスティックな立ち位置を修正してくれます。

日本のジャーナリズムが衰退するひとつの大きな原因は、閉じられた組織の中で外に開かれないということにあります。日本人の日本人による日本人のためのジャーナリズムを何十年もやってきてしまった。そのため、日本という国が立ち行かなくなってきたと同時に、メディアも停滞、萎縮してしまった。

そういった意味で、私たちは設立当初から「日本の組織」ではなかった。アジアに開かれたジャーナリストの組織として存続してきました。

私は自分たちの組織の自慢をしているわけではありません。伝えたいのは30年続いてきたことには理由があるということです。先ほどあげた三つのことを、原則として守り続けてきたということです。

殊に「make difference」は重要です。自分にしかできないことをやる。マスメディアができることはマスメディアに任せる。マスメディアができないことをやるのが、独立系ジャーナリズムの存在意義です。そして、常に開かれた組織であること、閉じないということが重要です。

そういった意味で、本日のテーマである、NGO・NPOとのつながりは非常に大切なものです。ジャーナリズムとNPO・NGOにはいくつも共通点があります。

まずスピリットを持っていること。金儲けのための仕事ではなく、他者のために何ができるか、他者のために行動するということは、自分が自分らしく生きるということです。このスピリットは欠かせないものです。

NPO・NGOはまた、それぞれの現場を持っていて、現場から発信している。これもとても重要なことです。ヒューマン・ライツ・ナウなどの人権団体もそうですが、彼らが取り組んでいる人権に関する問題は、すべてジャーナリズムの取材すべき対象でもあります。現在、そういう分野では、NGO・NPOは、ジャーナリズムよりもはるかに先行しているように見えます。国際的な現場で起きている人権侵害に対して、即座に反応し、具体的な提言、取り組みをするNGO・NPOも少しずつ生まれてきています。

それに対してジャーナリズムはなかなか一国主義的な意識から脱け出せていません。日本のジャーナリズムが成熟しないまま、どんどん衰退する一因にもなっています。

これから、国際的に開かれた活動をしているNGO・NPOと、領域を超えてつながっていくことが、独立系ジャーナリズムにとって大切になってきます。その連携はこの社会の不条理や矛盾を克服する活動を生み出していきます。そのための努力を積み重ね、流れを作っていくことに注力したいと思います。今日のシンポジウムがその第一歩となることを願っています。ありがとうございました。

V. マックレーカーたちの挑戦にご支援を
――独立・非営利を目指す財源モデルの開発とジャーナリズムの強化

加地 紗弥香

2017年2月1日、ワセダクロニクルは第1シリーズである「買われた記事」の第1回掲載とともにクラウドファンディングをスタートしました。市民が支える独立・非営利の探査ジャーナリズムNGOを作ることへの挑戦です。2017年5月31日までの4ヶ月間で346人の方から552万400円の寄付をいただきました。

ありがとうございました。

❖寄付モデルでジャーナリズム

ワセダクロニクルは、市民の皆さんからの資金的な支援で支えられています。運営資金は大学からも出ていません。広告料も取りません。大企業や官公庁といった大口スポンサーから記事内容に関しての圧力を受けないためです。キーワードは独立（independent）です。スポンサーからの直接的な圧力がなかったとしても、広告料欲しさにメディア側が忖度《そんたく》する必要はありません。

購読料を取らないのは、部数を獲得したいがためのスキャンダリズムに陥らないためです。取材、発信するテーマは公益性があるかどうかで選びます。

何より、寄付モデルをとることで、情報の送り手と読者・視聴者という受け手に分けることなく、寄付者と同志として社会の改善を目指すことができます。市民社会と連携して、そこからの支援を受けたジャーナリズムを興していく試みです。

テレビ、新聞、雑誌といった旧来の既成メディアも、新興のネットメディアも広告か購読モデル、もしくはその併用がほとんどです。

しかし、新聞、雑誌の部数、テレビの視聴率は下落する一方。ネットメディアはページビューを稼ぐことが至上命題となってはいないでしょうか。フェイクニュースの温床を私たちは作ってはいけません。

公益財団法人新聞通信調査会が実施した2016年のメディアに関する全国世論調査があります。それによると、「NHKテレビ」「新聞」「民放テレビ」「ラジオ」の信頼度は2008年度調査開始以来最低を記録しました。「報道の自由は常に保障されるべきだ」については、「思う」と答えた人が8割を超える一方で、「報道によって、プライバシーが侵害されていると思うか」という質問に対して6割が「思う」と答え、「メディアは報道の自由を振りかざしていると思うか」という質問に対して「思う」と答えた人が5割を超えました。

このことは、市民社会の中に「信頼」の真空地帯がぽっかりとできてしまっている、ということを意味するかもしれません。

こうしたジャーナリズムをめぐる不安感や閉塞感、そして何とか改善してほしいという思いは、私たちが実施したクラウドファンディングに対する市民の皆さんからの反応からもうかがうことができました。

❖20代半ばから50代半ばの層が寄付者の7割

クラウドファンディングとはその名前の通り、公衆(crowd)から資金調達(funding)をすることを指します。クリエイターや表現者が不特定多数の人に向けて、実現したいプロジェクトをプレゼンし、「共感」を力に資金を集める方法です。

ワセダクロニクルが目指すのは、取材する側とその結果を受け取る側とに分けずに、市民の皆さんと共にジャーナリズムを支えるニュース組織を作ることです。創刊特集『買われた記事――電通が共同通信に成功報酬』を続報したい」というプロジェクト名で始めたクラウドファンディングは、開始19日で目標金額の350万円を集めることができました。

ワセダクロニクルのクラファンページの訪問者は男性が79%を占めています。また、年齢別では20代半ばから50代半ばの層で7割です。電通というタブー、既成メディアへの閉塞感を破った創刊特集「買われた記事」にその層がマッチした可能性があります。

今、私たちは複数のテーマを並走して取材しています。環境や労働、外交など、テーマの領域は様々です。テーマによって、「買われた記事」に関心を持っていただいた層とは異なる人たちが関心を寄せてくれることでしょう。

クラウドファンディングを呼びかけていた4ヶ月間、プロジェクトを応援してくれるコレクター（支援者）のなかに応援メッセージを残してくれる方々がいました。少し紹介します。


「久々に感銘をうけた活動です。日本では新しい活動であり、今の停滞した日本に切り込む重要な活動だと思います。皆のパワーが集まれば、大きなものも動かせると信じています」

「10歳で敗戦を迎えた世代として、戦後のジャーナリズムの70年間の劣化が耐えがたい。まもなく消えゆくものとして、後に続く世代に頑張ってほしいので、貧者の一灯を送ります」

「日本の調査報道メディアと、ジャーナリズムを発展させるため応援、期待しています。取材がんばってください！」

「半ば政府の広報誌と化したマスコミを越えて、知られたくないこと、本当のことを、ぜひ追及して下さい。応援しています。がんばってください！」

「国民のための調査報道を国民が支える仕組みを作るというのは非常に意義深く、挑戦的な取り組みだと思います。応援しています」


他にも多くの応援のメッセージをいただきました。ウェブページ（https://motion-gallery.net/projects/waseda-journalism/collectors）に載っています。ぜひご覧ください。

クラウドファンディングは資金を集めるものではありますが、こうした応援の声を読み、日々勇気付けられました。私たちのプロジェクトに対する大きな期待を感じました。

ワセダクロニクルでは取材に対する支援を呼びかけるクラウドファンディングの他に、月額１０００円からの定額支援会員を募集しています。ジャーナリズムを支える「ジャーナリズム・サポーター」と言っていいでしょうか。

大口だとその人が資金的な支援をやめれば大打撃。情報の送り手・受け手という関係ではない、社会をより良くしたいという「仲間」を増やしていきたい。そして市民が支える市民のためのニュース組織を持続可能にしていきたいと思います。

❖ワセダクロニクルは「市民の代理人」

最後に、私の個人的なことを少しだけ紹介させていただきます。

私は学生時代にワセダクロニクルの立ち上げを間近で見ています。そして、大学を卒業した2017年4月から2ヶ月半の間だけですが、ブロック紙の新聞社で県警記者クラブに所属していました。

ワセダクロニクルが目指すのは「市民と一緒に歩む」ニュース組織です。ジャーナリズム研究所の花田達朗所長が冒頭の挨拶で「ジャーナリストは市民の代理人」と話しましたが、新聞社での仕事は「市民の代理人」から程遠いものだと感じました。

記者たちのエネルギーは「抜いた／抜かれた」の競争に費やされます。明日になればわかる情報、明日発表される情報を早く報じることが「読者のため」であると言いますが、読者はそれを望んでいるでしょうか。新聞社では「縦割り」も重視されました。自分の担当する領域（シマ）を超えて取材するにはいくつもの壁がありました。しかし、探査ジャーナリズムは多くの領域にまたがります。私は調べたい問題があり、休日を使って資料を集めたり、取材をしていたりしていたのですが、「人の『シマ』を荒らした」と怒られたこともあります。

ジャーナリズムは何のために、誰のためにあるかの議論はなく、起きた出来事に対して反射的に動くしかありません。もどかしさばかりが募りました。

私はその新聞社を退社しました。ジャーナリズムをするためにワセダクロニクルに戻ってきました。

ワセダクロニクルは、政治的・経済的・社会的権力によって、尊厳が傷つけられたり、生きる希望を踏みにじられたり、あるいは命を奪われたりした犠牲者や被害者の立場から取材・発信していきます。そのことはワセダクロニクルのウェブページでも明示しています。新聞社やテレビ局の記者が「中立」という言葉を使うとき、往々にしてそれは取材・発信をしない自らの行為を正当化するために使われることが多いと感じます。

ワセダクロニクルでは、「市民の代理人」として、事実を掴んで権力を監視し、事態を動かし、より良い市民社会の実現に少しでも役に立っていきたいと思っています。

今後も、継続的に寄付を募っていきます。

今、世界では探査ジャーナリズム（investigative journalism）が大きな潮流になっています。韓国、台湾、フィリピン、モンゴルなど、アジアでもその潮流は起こっています。既成の主流メディア企業ではなく、市民が支える独立した非営利のニュース組織という場で展開されているのが大きな特徴です。

探査ジャーナリズムを担うジャーナリストをマックレーカー（muckraker）と呼称することもあります。

muckrakeとは牛馬糞や肥やしをかき集める熊手の意味でした。しかし、転じて「（政界などの）腐敗［醜聞］をあさって暴露する、不正をすっぱ抜く」（『リーダーズ英和辞典第3版』）という意味でも使われるようになりました。

このようにその言葉がジャーナリズムの分野で使用されるようになったのは、第26代米大統領セオドア・ルーズベルト（Theodore Roosevelt, 1858-1919）の演説でした。ルーズベルトは1906年4月16日の演説で、作家ジョン・バニヤン（John Bunyan, 1628-1688）の寓意物語である“The Pilgrim's Progress from This World to That Which Is to Come: Delivered under the Similitude of a Dream”（竹友藻風訳『天路歴程』岩波書店）の第2部に記述されている“The Man with where was a man that could look no way but downwards, with a Muckrake in his hand”の箇所に触れながら、こう述べました。

The men with the muck-rakes are often indispensable to the well-being of society; but only if they know when to stop raking the muck, and to look upward to the celestial crown above them, to the crown of worthy endeavor.（Voices of Democracy ウェブページ（http://voicesofdemocracy.umd.edu/theodore-roosevelt-the-man-with-the-muck-rake-speech-text/）

「肥やし熊手を持つ男」（The man ... with a muckrake in the hand）とは現世での利益を執着する人間の象徴としてバニヤンは描いています。要するにルーズベルトは、「肥やし熊手を持つ男」は社会の安寧や幸福に欠かせない存在だが、そろそろ肥やしをかき集めるその手を止めてはどうか、と述べたのでした。「肥やし熊手を持つ男」をジャーナリストになぞらえ、不正を追求するジャーナリストを揶揄、牽制したのです。米国はこの時代、20世紀初頭は、ジャーナリズムの中心に雑誌が位置していたそうで、「ほとんどの雑誌が、大企業や汚職に抵抗し、社会正義を求めるキャンペーンを大いなる情熱を込めて行った」（大井眞二ら訳『アメリカ報道史：ジャーナリストの視点から観た米国史』332～343頁、原題：Michael Emerry, 2000, “An Interpretive History of the Mass Media, 9th edition”）。そうした状況をルーズベルトは疎ましく思ったのでしょう。

しかし、米国の最高権力者から「肥やし熊手を持つ男」と揶揄されたジャーナリストたちは怯みませんでした。むしろその言葉を受け入れ、誇りにしました。

探査ジャーナリズムを担うジャーナリストが作るバンドもあります。そのバンド名は「マックレイカーズ」です（笑）。権力から蛇蝎《だかつ》のように嫌われることはジャーナリストにとっては勲章なのかもしれません。

ワセダクロニクルは、権力監視というジャーナリズムに不可欠な理念を堅持して、持続可能なニュース組織を作っていきます。それは、既成メディアの活動への不信感を契機にして市民社会から抜け落ちてしまった「信頼」を取り戻すための行為であるとも言えます。

ワセダクロニクルの活動を応援してください。私たちも頑張っていきます。

◉おわりに――市民が支える日本初のニュース組織を

ワセダクロニクル編集部

私たちはジャーナリズムを担うニュース組織です。探査ジャーナリズムに特化し、既成メディアができないことを報道していきます。独立したジャーナリズムを堅持するためにも、その基盤となる財源を確保することが何よりも求められます。

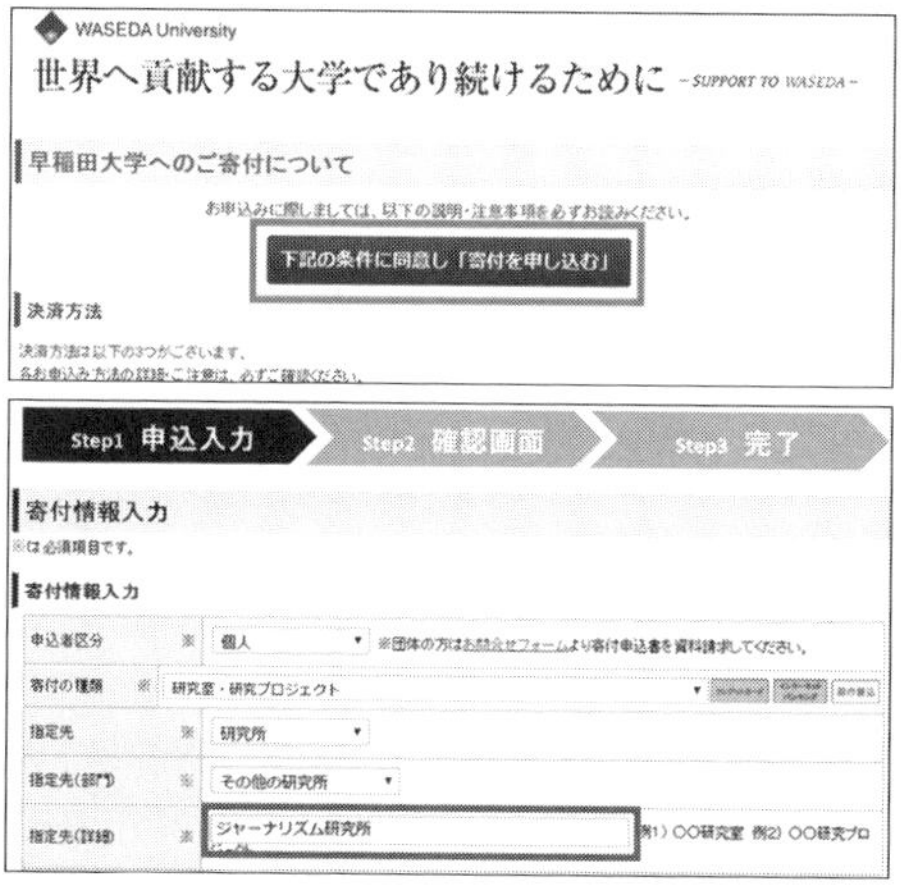

毎月1000円からの継続定額支援を受け付けています。こちらの専用サイト（https://goo.gl/GdNzMx）から簡単に手続きできます。詳しい支援の方法などは私たちにご連絡ください。contact@wijp.org が私たちの連絡先です。

本書を手にとっていただいたみなさま。どうか私たちの応援団になってください。そして、市民が支える日本で初めてのニュース組織を一緒に作っていきましょう。

＊渡辺　周（わたなべ・まこと）
ジャーナリスト。ワセダクロニクル編集長。朝日新聞記者時代は特別報道部などで探査ジャーナリズムを担当する。高野山真言宗の資金運用や製薬会社の医師への資金提供の実態などを報じたほか、原発事故後の長期連載「プロメテウスの罠」取材チームの主要メンバーとして、高レベル核廃棄物のテーマにした「地底をねらえ」などを執筆。共著に『プロメテウスの罠3 福島原発事故、新たなる真実』『プロメテウスの罠6 ふるさとを追われた人々の、魂の叫び！』『始動！ 調査報道ジャーナリズム』など。日本外国特派員協会（FCCJ）の2017年Freedom of Press Award,Supporter of the Free Press（報道の自由推進賞・フリープレスのサポーター部門）受賞。

＊花田 達朗（はなだ・たつろう）
早稲田大学ジャーナリズム研究所長（早稲田大学教育・総合科学学術院教授）。早稲田大学政治経済学部卒業、ミュンヘン大学大学院博士課程満期退学。東京大学大学院情報学環教授、学環長を経て、2006年から現職。2007年より早稲田大学ジャーナリズム教育研究所所長、2015年より同大学ジャーナリズム研究所所長を務める。専門は社会学、メディア研究、ジャーナリズム研究。ジャーナリスト養成教育も行なってきた。主著に『公共圏という名の社会空間－公共圏・メディア・市民社会』『メディアと公共圏のポリティクス』など。日本外国特派員協会（FCCJ）の2017年Freedom of Press Award,Supporter of the Free Press（報道の自由推進賞・フリープレスのサポーター部門）受賞。

＊金 敬黙（きむ・ぎょんむく）
早稲田大学ジャーナリズム研究所員（早稲田大学文学学術院教授）。東京大学大学院総合文化研究科博士後期課程修了。中京大学国際教養学部教授を経て、2016年から現職。平和やNGOが研究テーマ。学生時代からNGO活動にかかわり、現在は日本国際ボランティアセンター（JVC）の理事も務める。共著に『教養としてのジェンダーと平和』『私、北朝鮮から来ました：ハナのストーリー：日英対訳・バイリンガル平和教育教材』など。

＊野中 章弘（のなか・あきひろ）
早稲田大学ジャーナリズム研究所副所長（早稲田大学政治経済学術院教授）、アジアプレス・インターナショナル代表。1987年、報道規制の厳しいアジアのジャーナリストたちのネットワークであるアジアプレス・インターナショナルを設立。小型ビデオを使うビデオ・ジャーナリズム（VJ）の手法によるニュースリポートやドキュメンタリーを制作・プロデュース。2004年、第3回「放送人グランプリ特別賞」受賞。ジャーナリズム研究所などでジャーナリスト教育に注力している。主著に『アジアのビデオジャーナリストたち』『ジャーナリズムの可能性』など。

＊加地 紗弥香（かじ・さやか）
ジャーナリスト。ワセダクロニクルシニアリサーチャー。2017年早稲田大学文化構想学部卒業。学生時代からワセダクロニクルのリサーチャーとして、早稲田大学ジャーナリズム研究所の探査ジャーナリズムプロジェクト（WIJP）にかかわる。ワセダクロニクルの創刊特集「買われた記事」の取材も担当する。

◎編著者プロフィール
＊ワセダクロニクル／Waseda Chronicle
ジャーナリズム NGO。早稲田大学ジャーナリズム研究所の研究プロジェクトのひとつとして、2016 年 3 月 11 日に早稲田探査ジャーナリズムプロジェクト（WIJP：Waseda Investigative Journalism Project）をスタート。2017 年 2 月 1 日には「ワセダクロニクル」を創刊。ワセダクロニクルは発信媒体の名称であり、かつニュース組織の名称である。ジャーナリストのほか、エンジニアやウェブデザイナーらもメンバー。ジャーナリストを目指す学生もリサーチャーとして参加する（早稲田大学以外からも参加）。2017 年 6 月、世界探査ジャーナリズムネットワーク（GIJN：Global Investigative Journalism Network、68 カ国 155 団体）に日本で初めて加盟した。

探査《たんさ》ジャーナリズムとNGOの協働《きょうどう》
彩流社ブックレット6

2017年10月24日　初版第一刷

編著者　渡辺周・花田達朗・金敬黙・野中章弘・加地紗弥香
ワセダクロニクル ©2017
発行者　竹内淳夫
発行所　株式会社 彩流社
〒102-0071 東京都千代田区富士見2-2-2
電話　03-3234-5931
FAX　03-3234-5932
http://www.sairyusha.co.jp/

編　集　出口綾子
装　丁　福田真一［DEN GRAPHICS］
印刷　モリモト印刷株式会社
製本　株式会社難波製本

Printed in Japan　ISBN978-4-7791-2392-4 C0036
定価はカバーに表示してあります。乱丁・落丁本はお取り替えいたします。

《彩流社の好評既刊本》

始動！ 調査報道ジャーナリズム
978-4-7791-2320-7（17. 05）
――「会社」メディアよ、さようなら　渡辺周・花田達朗他 編著

政府や大企業等の大きな権力を持つ組織の不正や腐敗を自力で取材し、被害者の立場から報道する調査報道。権力が隠す事実を探査し、掘り起こし、暴露する。ワセダクロニクル創刊に際し確認された調査報道の重要性の論理と現場からの声。　A5判並製1000円＋税

市民とつくる調査報道ジャーナリズム
渡辺周・花田達朗・大矢 英代・ワセダクロニクル 編著　978-4-7791-2336-8（17. 07）

調査報道は相手に打撃を与え、事態を動かし、問題が解消するまでやる。それを社会を変えたいと強く願い行動する市民と協力して実現させる。市民は単なる読者ではない。マーク・リー・ハンター氏と、調査報道のビジネスモデルについても考える。　A5判並製1000円＋税

戦争の現場で考えた空爆、占領、難民
カンボジア、ベトナムからイラクまで　熊岡路矢 著　978-4-7791-2021-3（14. 07）

日本国際ボランティアセンター（JVC）顧問・前代表の著者による本。1980年、戦争で破壊されたインドシナからの難民への救援活動のためにタイに入り、以降、人道支援NGOの立場からパレスチナ、イラク、アフガニスタンなど紛争地の現場に関わりつづけた著者が、印象的な人びとや出来事を生き生きと描く。　四六判並製1900円＋税

赤紙と徴兵――105歳 最後の兵事係の証言から
吉田敏浩 著　978-4-7791-1625-4（11. 08）

兵事書類について沈黙を通しながら、独り戦没者名簿を綴った元兵事係、西邑仁平さんの戦後は、死者たちとともにあった──全国でも大変めずらしい貴重な資料を読み解き、現在への教訓を伝える。アジアプレスメンバーによる渾身の力作　四六判上製2000円＋税

ぼくたちは見た――ガザ・サムニ家の子どもたち
古居みずえ著　978-4-7791-1626-1（11. 08）

センセーショナルな報道の裏側で忘れられてゆく子どもたち……多数の犠牲者を出した2008年から09年のパレスチナ・ガザ地区への電撃攻撃。殺戮の現場を目撃した子どもたちの目線から戦争を描いたアジアプレスメンバーによるノンフィクション。　四六判上製2000円＋税

グローバルリーダーを育てる北海道大学の挑戦
玉城英彦・帰山雅秀・弥和順 編著　978-4-7791-2306-1（17. 05）

排外主義が強まっているいまこそ、多様な文化的・社会的背景を持つ人々と円滑にコミュニケーションをとるスキルが必要だ。世界で躍進できる人材の育成はいかにして可能か。特別教育プログラム・新渡戸カレッジを実践する大学教育の実例。　A5判並製2500円＋税

朝日新聞「吉田調書報道」は誤報ではない
隠された原発情報との闘い　海渡雄一・河合弘之 ほか著　978-4-7791-2096-1（15. 05）

2011年3月15日朝、福島第1原発では何が起きたのか？ 原発事故最大の危機を浮き彫りにし再稼働に警鐘を鳴らしたた朝日新聞「吉田調書報道」取消事件を問う。「想定外」とは大ウソだった津波対策の不備についても重大な新事実が明らかに！　A5判並製　1600円＋税